마술적 리얼리즘을 ○○하게 구현한 『백 년의 고독』으로도 명성에 머물러 있던
라틴아메리카 문학을 세계문학의 중심에 우뚝 서게 한 가브리엘 가르시아 마르케스.

마콘도의 실제 배경지인 아라카타카

서양 고대 신화 속의 아르카디아, 동양의 무릉도원, 윌리엄 포크너 소설 속의 요크나파토파에 비견되는 마콘도는 가르시아 마르케스가 창조한 유토피아로, 그 이름은 그가 어린 시절을 보낸 카리브해 연안의 작은 마을 아라카타카에 있는 농장 이름에서 비롯되었다. 『백 년의 고독』에서 호세 아르카디오 부엔디아는 친구 하나를 죽이고는 고향을 떠나 하얗고 매끈한 돌이 깔린, 맑은 물이 흐르는 강가에 정착하여 마콘도라는 마을을 세운다. 이때부터 6대에 걸친 부엔디아 가문의 흥망성쇠가 장구하게 펼쳐진다.

가르시아 마르케스 문학의 원천 카리브해
가르시아 마르케스의 부모는 생계 때문에 카리브해 주변 여기저기를 옮겨 다녔으며, 가르시아 마르케스 또한 아라카타카, 바랑키야, 카르타헤나 등 연안 도시에서 인생의 중요한 시절을 보냈다. 그렇게 체화한 카리브인 특유의 낙천성과, 그가 어릴 적 할머니에게서 들었던 카리브해의 신화와 전설과 미신 등은 그의 문학 세계를 받쳐 주는 원천이 되었다. 그는 카리브 문화가 자신의 인생에서 근본적이고 절대적인 것이었다고 고백한 바 있다.

❶ **아라카타카** 콜롬비아
유년 시절을 보낸 곳

1927년, 가르시아 마르케스는 카리브해에서 멀지 않은 작은 마을 아라카타카에서 태어나 일곱 살 때까지 그곳의 외조부모 집에서 자랐다. 외할아버지는 손자에게 비극적 내전에 대해 귀가 닳도록 말해 주었고, 외할머니는 카리브해의 기괴한 신화 등을 들려줌으로써 마술적 이야기꾼의 탄생에 많은 영향을 끼쳤다. 아라카타카는 가보가 창조한 가상 공간인 마콘도의 배경지이기도 하다.

❷ **보고타** 콜롬비아
문학청년으로 입성한 곳

1947년, 스무 살의 가보는 콜롬비아국립대학 법대에 입학했다. 그러나 변호사가 되기를 원한 아버지의 바람과는 달리 그는 주로 엘몰리노카페에 앉아 다양한 문학 작품을 읽거나 카리브 출신의 문인 친구들과 교유했다. 프란츠 카프카의 『변신』을 읽다는 큰 충격을 받고 첫 번째 단편소설인 「세 번째 체념」을 쓰기도 했다. 결국 가보는 스물세 살 때 작가가 되겠다며 대학을 중퇴했다.

❸ **바랑키야** 콜롬비아
바랑키야 그룹을 만난 곳

1948년, 자유당 지도자가 암살당한 보고타 사태가 일어나면서 가보는 카르타헤나를 거쳐 다시 바랑키야로 옮겨 갔다. 그는 이곳에서 약 4년간 살면서 저널리스트이자 문학인으로서 본격적인 행보에 나섰다. 특히 바랑키야 그룹과의 인연은 그의 문학 인생에 지대한 영향을 끼쳤다. 가보는 그들 덕분에 윌리엄 포크너, 버지니아 울프, 호르헤 루이스 보르헤스 등을 접할 수 있었다.

❹ **카르타헤나** 콜롬비아
『콜레라 시대의 사랑』의 배경이 된 곳

가보는 20대의 많은 나날을 카르타헤나와 바랑키야를 오가며 보냈다. 카르타헤나는 16세기 에스파냐의 식민지 건설을 위해 세워진 이래 카리브를 상징하는 대표적인 도시가 되었다. 가보는 보고타의 잔혹한 현실과는 동떨어진 이 도시를 보고 "고통 없는 고독과 바다가 끝없이 펼쳐져 있었다"라고 했다. 그가 가장 사랑하는 소설 『콜레라 시대의 사랑』도 이 도시를 배경으로 한다.

❺ **파리** 프랑스
정부의 위협을 피해 떠돌아다닌 곳

1954년, 가보는 보고타로 돌아와 자유당 계열의 신문 「엘에스펙타도르」의 기자로 일하게 되었다. 군부 정권을 비판하는 일련의 기사로 인기를 끌자 정부는 그를 위협하기 시작했고, 이에 신문사는 그를 제네바 특파원으로 내보냈다. 이후 파리에 정착한 그는 「엘에스펙타도르」가 폐간당하면서 헌 신문을 줍거나 벤치에서 노숙 생활을 하는 등 그야말로 '똥 같은' 젊은 시절을 보냈다.

❻ **아바나** 쿠바
가보가 사랑한 쿠바혁명의 산실

피델 카스트로가 이끄는 쿠바혁명이 성공한 직후인 1959년에 가보는 쿠바의 국영 뉴스 통신사인 프렌사라티나의 통신원으로 보고타로 돌아왔다. 이듬해에는 아바나에서 6개월간 체류하기도 했다. 누구보다도 카스트로의 혁명을 지지했던 가보는 사회주의 활동을 적극적으로 펼쳤다. 카스트로가 독재의 길로 가면서 많은 지식인들이 등을 돌렸을 때도 가보는 그의 편에 섰다.

❼ **바르셀로나** 에스파냐
『백 년의 고독』 출간 이후 8년 동안 산 곳

1967년에 출간된 『백 년의 고독』이 큰 성공을 거두면서 가보는 문학 에이전시가 있는 바르셀로나로 이주해 8년을 살았다. 그의 아파트는 예술가, 언론인, 혁명가가 모여드는 만남의 장이었다. 이 시절 그는 라틴아메리카의 여러 독재자들 이미지를 아우르는 실험적 작품인 『족장의 가을』을 집필했다. 이 작품에서 몰락하는 족장의 모습은 카스트로 그 자체이기도 하다.

❽ **멕시코시티** 멕시코
제2의 고향이자 생의 마지막을 보낸 곳

1975년에 가보는 바르셀로나에서 돌아와 멕시코시티에 정착했다. 이후 멕시코는 그의 여생 대부분을 보낸 제2의 고향이 되었다. 1982년에 노벨문학상을 받으면서 문학 인생의 하이라이트를 찍은 그는 이후 『콜레라 시대의 사랑』, 『내 슬픈 창녀들의 추억』 등을 비롯하여 자서전 『이야기하기 위해 살다』를 썼다. 2014년, 멕시코시티의 한 병원에서 여든일곱 살의 나이로 눈을 감았다.

일러두기

— 단행본, 잡지 등 책으로 간주할 수 있는 것은 겹낫표(『 』)로, 책의 일부나 단편소설, 신문 등
   은 홑낫표(「 」)로, 미술, 음악, 연극 등의 작품명은 홑화살괄호(〈 〉)로 표기했다.
— 외래어 표기는 국립국어원 외래어표기법을 따랐으나, 관습적으로 굳은 표기는 그대로 허
   용했다.

가르시아 마르케스

×

권리

카리브해에서 만난 20세기 최고의 이야기꾼

arte

저자가 그린 가르시아 마르케스의 초상

저자는 가보를 통해 라틴아메리카 문학을 좋아하게 되었고, 콜롬비아가 단지 커피와 마약의 나라가 아님을 알게 되었으며, 그로 인해 6개월 넘게 라틴아메리카 대륙을 여행할 만큼 그곳을 사랑하게 되었고 그곳 출신의 작가들 하나하나가 온전한 하나의 대륙임을 알게 되었다고 말한다.

CONTENTS

생의 낭만을 아는 작가

욕쟁이 가보

1927년 3월 6일 아침 9시, 시골집에서 폭우와 함께 열한 명 중의 맏이로 태어난 가브리엘 가르시아 마르케스(이하 '가보')*는 마흔 살에 첫 인세를 받을 때까지 줄곧 가난하게 살았다. 여덟 살 때까지 부모와 채 3년도 같이 살지 못했고, 열세 살 때부터 돈을 벌어야 했으며, 청년 시절에는 보고타 사태**의 대혼란 속에서 주운 가방을 전리품처럼 들고 다니고 방세를 내지 못해 집 대신 카페에 가서 책을

---

* 그의 본명은 가브리엘 호세 가르시아 마르케스Gabriel Jose García Márquez다. 부모의 성을 따는 에스파냐식 작명 전통에 따라 아버지의 성 '가르시아'와 어머니의 성 '마르케스'를 붙여 '가르시아 마르케스'라고 불러야 한다. 이에 이 책에서도 어른 작가인 그를 가리킬 때는 '가르시아 마르케스' 혹은 '가보Gabo'로 부르겠다. 반면 아이인 그를 가리킬 때는 과히라 해안 지방식 애칭인 '가비토Gabito'로 부르겠다.

읽었다. 심지어 유럽 특파원으로 가서도 벤치에서 노숙 생활을 했고, 전당포에 물건을 맡겨 생계를 이어 나가는 등 그야말로 '똥 같은' 젊은 시절을 보내며 자살이나 객사를 할지 모른다는 불안감에 살았다.

가보는 시가 대세인 콜롬비아 문학계에서 돈도 되지 않는 소설을 쓰기 시작했고, 콜롬비아 에소문학상 측에 당시 자신의 심정을 힘껏 담아 『이 똥 같은 마을』을 보냈지만, 1962년에 『불행한 시간』이라는 얌전한 제목으로 세상에 나왔다. 그는 판권을 회수하고 책을 불태우려고 했지만 소용없었다. 그때도 그는 아마 '똥 같은!'을 외쳤을 것이다.

어릴 때 그는 알렉상드르 뒤마의 『몬테크리스토 백작』을 읽으면서 가난하고 순진한 젊은 선원이 어떻게 완벽히 다른 사람으로 변신해 성을 무사히 빠져나왔는지 의문을 가졌는데, 훗날 그가 『백 년의 고독』으로 가난을 빠져나오는 과정을 보면 마치 몬테크리스토 백작의 현신을 보는 듯하다.

가보는 여러 똥 같은 상황 속에서도 카리브인의 낙천성을 잃지 않았고, 언제나 주변에 많은 사람들을 두었다. 그는 인간을 사랑했다. 새와 강과 돌과 하늘을 사랑했다. 여성을 사랑했다(어린 시절부터 줄곧 여자들과 생활한 그로서는 당연했다. 심지어 그가 좋아한 단어 '똥mierda'마

** 콜롬비아 자유당 지도자 호르헤 엘리에세르 가이탄은 급진주의자로서, 농민과 노동자에 의한 정권 수립을 꿈꾸었다. 그러나 1948년 범아메리카 회의가 개최되는 와중에 보고타 거리에서 암살당하고 말았다. 그로 인해 사회 개혁 의지를 잃어버린 시민들이 들고 일어나 '보고타 사태El Bogotazo'라는 대규모 폭동을 일으켰다.

생의 낭만을 알았던 작가 가보

1927년, 콜롬비아 북부의 조용하고 작은 마을에서 태어난 가보는 마흔 살에 『백 년의 고독』
으로 큰 성공을 거두기 전까지는 줄곧 가난하게 살았다. 그러나 여러 "똥 같은" 상황 속에서도
그는 카리브인 특유의 낙천성을 잃지 않았고, 실수투성이 인간을 비난하지 않고 현실을 즐겼
으며, 새와 강과 돌과 하늘을 사랑했다.

저 여성명사다). 그는 실수투성이 인간을 비난하지 않았다. 한마디로 그는 현실을 즐겼다. 놀 줄 알았다. 혼자 있는 것보다 타인과 함께 있는 것을 즐겼다. 아마도 그는 내가 아는 작가 중 친구가 가장 많았던 사람일 것이다. 휴머니즘은 기자로서의 경험과 이야기꾼으로서의 타고난 본성을 적절하게 배합해 자신만의 스타일을 '대중적으로' 완성하는 데 크게 기여했다.

성공한 장돌뱅이

특기할 만한 것은 가보가 오로지 자신이 체험한 것만 썼다는 점이다. 그는 단 한 번도 작가의 삶이 작품과 동떨어져 있다고 생각해 본 적이 없었다. '끓는 얼음'으로 대표되는 마술적 리얼리즘의 경험을 모두 그 자신이 겪은 사실이라 말했다. 저 옛날 얼음을 구경하러 갔던 시절을 떠올리며 집필하기 시작한 『백 년의 고독』은 그의 외할아버지를 역할 모델로 쓴 것이나 다름없고, 『콜레라 시대의 사랑』은 그의 부모가 쓴 것이나 마찬가지이며, 『족장의 가을』은 정치적 동료이던 피델 카스트로가 쓴 것이나 진배없다.

친동생 마르고트는 『백 년의 고독』의 레베카처럼 흙을 먹는 이식증을 앓았고, 붕괴되어 가는 마콘도에 남은 마지막 약국에 앉아 1등상으로 프랑스 여행을 보내 주는 현상 문제에 답을 적어 내는 것으로 소일하는 연인의 이름은 가브리엘과 메르세데스 라켈 바르차 파르도, 즉 작가 부부다. 우르술라의 후계자이자 여섯 번째 세대의 주인공 격인 아마란타 우르술라가 나중에 낳아 키우고 싶은 아들 이름은 가보의 실제 아들인 곤살로와 로드리고이고, 가브리엘이 파리에 가서 헌 신문을 주우며 살아가는 모습은 파리의 벤치에서 자던 젊은 시절 가보의 모습이다. 백 살이 넘어도 왕성한 활동력을 자랑한 『백 년의 고독』의 우르술라는 가보의 실제 외할머니 미나(본명은 트랑킬리나 이과란 코테스) 그 자체다.

거짓말을 현실처럼 굳건히 믿는 사기꾼을 이길 자는 아무도 없다. 그는 논픽션을 쓰는 기자였고, 그만큼 현실에 발을 디디고 글을 쓸 수밖에 없었다. 조지 오웰처럼 이상을 위해 신분을 내다 버리는 극단적인 선택도 하지 않았다. 찰스 부코스키의 소설처럼 되는 대로 살면서 괴로움을 읊지도 않았다. 표도르 미하일로비치 도스토옙스키 소설의 인물처럼 강박적이지도 않았다.

나는 대중문화로부터 영향을 받았고, 다른 문화를 겪고 연구했다. 나를 움직이고 내게 모티프를 주는 것은 대중문화다. 그것은 연구된 것이 아니라 그냥 그 안에서 살고 있다. 나는 그들이 어디서 왔는지, 무슨 노래를 부르는지 안다.

— 이브 빌런 외, 다큐멘터리 〈가브리엘 가르시아 마르케스〉 중

소심한 가보는 작품을 다 쓸 때까지 남에게 보여 주지 않았고, 남들 앞에 나서는 것을 많이 수줍어했다. 어린 시절 라디오 방송에서 하는 노래자랑에 나가 중도 탈락해 웃음거리가 된 적이 있기는 하지만, 그의 오랜 꿈은 사실 장돌뱅이 가수였다. 그는 이야기를 하고

카리브 사람들

끝없이 이어질 것 같은 가보의 이야기는 마치 카리브해의 신화와 전설을 듣는 듯한 원초적인 힘을 가지고 있다. 그 장구하고 유려한 서사는 축제와 시에스타를 즐기고, 충동과 우연에 몸을 내맡길 줄 아는 카리브인들의 낭만적인 삶의 태도를 옮겨 놓은 듯하다.

싶다는 열망에 장돌뱅이 가수를 꿈꾸었다.

1982년에 노벨문학상을 받았을 때도 그는 노래와 춤으로 자축했고, 죽기 직전인 2014년 3월 6일 여든일곱 살 생일을 맞이했을 때도 대중 앞에 나와 자축 노래를 불렀다. 심지어 유럽에서 빈털터리가 되었을 때, 가수로 먹고산 적도 있었던 것을 보면 가수의 꿈이 빈말은 아니었던 모양이다. 그가 가수가 되고 싶어 한 이유는 희한하게도 그가 소설가가 된 이유와 맞아떨어진다.

그는 사람을 행복하게 만들 줄 아는 인간 프로작Prozac이다. 내가 그의 책에 중독된 것은 그가 생의 낭만을 잘 아는 작가이기 때문이다. 이 책을 펼친 독자는 나와는 다른 이유로 그를 좋아하는 사람일 것이다. 유머, 카리브적 낙천성, 낭만주의적 라틴아메리카인, 유럽을 떠돈 망명가이자 세계시민, 진보적인 역사성과 정치성, 매력적인 이야기꾼, 나선형 이야기 구조, 반복과 회귀, 마술적 리얼리즘 등 그의 매력은 무한하다. 이처럼 팬이 많은 작가에 대해 이야기하면 할수록 더 조심할 수밖에 없다. 예고하건대 난 그들의 예상과는 다른 길을 알려 줄 예정이다. 왜냐하면 여행기는 사실의 기록인 동시에 현실의 메타텍스트이기 때문이다.

GABRIEL GARCÍA MÁRQUEZ

이야기꾼의 탄생

나는 소'썰'가이니까

다리에 쥐 나는 세 번의 환승을 거쳐 서른여섯 시간 만에 콜롬비아에 도착했을 때, 나는 10여 년 전 이곳을 여행하던 시절로 돌아간 기분이었다. 열네 시간의 시차를 건너온 이방인을 쳐다보는 올망졸망한 아이들 옆을 통과해 6월의 보고타 안으로 들어갔다.

고지대에 있어 19도 안팎의 다소 시원한 날씨를 가진 보고타. 그곳은 10년 전과 마찬가지로 여전히 무질서하고 산만하고 비뚤비뚤했다. 정감 있고, 친절하고, 사람 냄새가 강하게 나고, 힘들게 마련해 간 황열병 카드를 이민국 직원이 거들떠보지도 않는 곳. 직선보다는 곡선이, 곡선보다는 점선이, 느낌표보다는 물음표가 어울리는 곳. 가보의 소설 속에 나오는 모습 그대로다.

『백 년의 고독』을 처음 읽었던 그때도 이런 느낌이었다. 6대에 걸친 부엔디아가의 이야기는 너무 어지럽고 복잡해서 한 번에 이해하기 힘들었다. 특히 제목에 들어간 '고독'은 대체 무엇을 의미하는

지, 왜 하필 '고독'인지에 대해 여러 번 곱씹을 수밖에 없었다. 모이면 파티로 끝난다는 말이 단지 농담이 아닌 것을 남미에서 여러 차례 확인한 나로서는 '고독'이야말로 그들의 삶과 가장 동떨어진 것이 아닌가 생각했다. 그 책을 조금 더 이해하기 전까지는 말이다.

10년 전과 한 가지 달라진 것이 있다면 유명을 달리한 그 작가의 얼굴을 크게 박은 50밀페소(콜롬비아의 가장 큰 지폐 단위)가 새로 생겨났다는 것. 어쩐지 그 지폐를 보자 나는 사람들을 붙잡고 "내가 바로 이 작가를 취재하러 저 멀리서 비행기를 타고 서른여섯 시간을 날아왔어요!"라고 말하고 싶어졌다. 나는 그만큼 그가 자랑스러웠다. 가보는 이제 콜롬비아의 가보家寶, 아니 라틴아메리카의 국보國寶와도 같은 존재다.

여우비가 내리는 정오의 보고타에서 잡은 첫 택시에서부터 예상하지 못한 남미식 '썰'이 시작되었다. 택시 기사는 서른여덟 살의 안경 낀 남자였다. 콜롬비아에서는 택시 기사 자격 항목에 선곡 능력이 포함되어 있는지 그의 음악 선곡 능력은 훌륭했다(음악이 만일 허용되지 않는 마약이었다면 콜롬비아는 어쩌면 세계 최대의 마약 생산국이 아니라 음악 생산국이 되었을지도 모르겠다). 하지만 이 기사에게는 음악 선곡보다 더 탁월한 것이 있었다. 바로 집요하게 상대를 물고 늘어지

보고타의 거리

가보는 고등학교와 대학교를 보고타에서 다녔고, 이후 이곳에서 신문 「엘에스펙타도르」의 기자로도 활동했다. 그가 보기에 어떤 계층의 사람들이 언제 모이건 여섯 명 이상이면 댄스파티로 끝나는 곳이자 무질서하고 산만한 이 도시는 직선보다는 곡선이, 느낌표보다는 물음표가 어울린다.

는 질문 능력이었다. 그는 호기심 많게 이것저것 물었지만 자신이 인센티브를 받을 수 있는 호텔로 데려가기 위해 하는 질문은 아니었다. 내가 가려고 하는 보고타의 차피네로 지역까지 통상 나오는 택시비인 30밀페소를 두세 배 뻥튀기하는 인물도 아니었다. 그 질문은 그저 순수한 호기심에서 비롯된 것임을 나는 대번에 알았다. 게다가 나는 택시에서 인터뷰하는 것을 즐기는 편이다. 다만 시야를 정면에 두고 운전하는 기사에 국한해서 말이다.

이 기사가 묻지 않은 것은 '이렇게 운전해도 무섭지 않지?'가 유일했던 것 같다. 그는 아예 조수석으로 몸을 돌리고는 번역 앱을 켜 놓고 끊임없이 질문했다. 내가 답을 안 하면 자신의 메신저 앱에 목소리를 녹음해서 다시 들려주는 수고를 하기도 했다. 적어도 10년 전에는 에스파냐어를 모르면 보디랭귀지로 자연스럽게 강제 인터뷰를 피할 여지가 있었다. 하지만 10년 사이 과학기술은 지나치게 발전했고, 콜롬비아도 예외는 아니었다. 나는 영혼까지 탈곡되는 호구조사를 당하고 나서야 그 택시에서 내릴 수 있었다. 그는 택시 기사가 아니라 이민국에서 일을 했어야 한다. 하지만 누구를 탓하랴. 나는 언제나 '왕년에'로 시작하는 이야기에도 어쩔 수 없이 귀가 얇아지는 '소썰가'이니까.

이 약, 3개월 할부 돼요?

썰에 끌리는 것은 인간의 본성이다. 누구나 끝없이 이야기를 들려주는 셰에라자드에 관한 환상을 가지고 있기 때문이다. 잠들 때까지 재미난 이야기를 들려주어 불면의 고통 없이 잠에 빠져들게 만드는. 이제 그 역할을 담당하는 이들은 현대의 작가들이겠으나 20세기 작가들은 정치, 혁명 등에 관한 우의로서의 문학에 집중하느라 철학의 옷을 입은 소설을 내고 말았다. 그런 면에서 가보의 이야기는 이야기 자체의 힘, 원초적인 그 힘, 그래서 원시적이고 마치 설화를 듣는 듯한, 남미 신화 속으로 들어가는 듯한 힘을 가지고 있다. 특히나 '제3세계'로 취급되는 남미 출신 작가의 셰에라자드식 화법, 즉 썰은 이방인을 사로잡기에 충분하다.

물론 제3세계라는 말은 '극동 아시아'만큼이나 차별적이다. 서구 편향적인 이분법으로는 구분해 내지 못하는 문화적 소외 지역을 대충 뭉뚱그려 '몽땅 세일'을 하듯이 처분하는 느낌이 든다. 세계적으로 5억 명이 넘는 인구가 쓰는 제2의 언어인 에스파냐어를 쓴다는 점에서 가보는 '남미의 세르반테스' 혹은 '남미의 마크 트웨인'으로 불리고 있고, 그의 활동 반경은 단지 콜롬비아에 국한되지 않았다. 콜롬비아의 아라카타카라는 작은 마을에서 태어났지만 그는 유럽과 쿠바를 거쳐 멕시코에서 사망했다. 그는 쪼개진 대륙 중 하나에 속하는 시민이 아니라 판게아 시민에 걸맞은 인물이었다. 쿠바의 카스트로와 미국의 빌 클린턴을 동시에 친구로 가질 수 있는 사람은 흔하지 않다. 그럼에도 불구하고 서구 문학 진영에서는 유럽식 교육을 받은 호르헤 루이스 보르헤스와 달리 가보는 철저히 제3세계 작가로 취급하는 것 같다. 더욱이 그가 보르헤스처럼 서구의 합리가 아니라 제3세계의 비합리, 즉 주술 혹은 미신을 문학에 적극적으로 차용하여 마술적 리얼리즘이라는 새로운 서사 기법을 만들어 냈다는 점은 이런 식의 구분법을 유용하게 만든다.

나는 몇 해 전 쓴 에세이 『암보스 문도스』에서 영미와는 차별된 가보만의 썰을 장황하게 푼 적이 있다. 내가 가장 좋아하는 가보식 썰은 바로 『백 년의 고독』에서 해안 지방의 대식가로 알려진 아우렐리아노 세군도가 암코끼리 카밀라와 먹기 대회를 하는 장면에 나온다. 아우렐리아노 세군도는 경쟁에서 이기기 위해 잠도 네 시간밖에 자지 않으면서 음식을 먹어 치우다가 접시에 코를 박고 쓰러진다. 서너 쪽에 걸쳐 장황하게 이어지는 이런 대목이 대관절, 왜, 갑자기 등장하는지 알 수 없지만 읽다 보면 어느새 통째로 베끼고 싶어서 참을 수 없어진다. 나는 필사하는 데 그치지 않고 이 대목에서 받은 영감을 「폭식 광대」라는 단편소설로 확장해서 썼다.

다음으로 마술적 리얼리즘의 예로서 『백 년의 고독』에서 열두 살 된 아우렐리아노 세군도가 죽은 멜키아데스의 창문을 열었을 때의 일화를 떠올려 보자. 호세 아르카디오 부엔디아가 이미 오래전에 썼던 그 방에는 거미줄이나 잉크 흔적, 연금술을 할 때 쓰던 수은조차 사라지지 않고 그대로 남아 있는 장면이 나온다. 마치 연금술로 태어난 것처럼 그 방은 세월의 흔적 없이 그대로 보존되어 있었다.

연금술이 무엇인가? 어떤 사물을 황금으로 만든다는 발상은 동네 오일장에 갑자기 등장한 마술사나 약장수가 사람들을 현혹할 썰에 불과하다. 그들은 대체로 떠돌이들이므로 혹시라도 관객이 믿지 않으면 '아니면 말고' 하고 짐을 싸서 어디론가 떠나면 그뿐이다. 가보의 위대함은 약장수의 썰을 문학에 그대로 가져왔다는 것이다. 고전 시가에서부터 내려오는 '이야기에 대한 욕망'은 아직도 소설의 존재 이유를 말해 준다. 가보의 책을 읽다 보면 '어디서 약을 팔아?'가 어느덧 '이 약, 3개월 할부 돼요?'로 바뀌는 과정을 거치게 된다. 그는 평생 할 말이 흘러넘쳤다. 오죽하면 자서전 제목도 『이야기하기 위해 살다』일까?

약장수 아버지

사실 소설가와 약장수는 통하는 데가 많다. 막상 느끼지 않아도 되는 감정을 건드리는 것이 소설가의 특기라면, 약장수는 멀쩡한 몸을 어딘가 아프게 만드는 데 특출하니까. 실제로 가보는 약은 아니지만 글을 쓰지 못해 궁핍하던 1953년에 과히라 지방에서 백과사전을 팔러 다니기도 했다. 인터넷이 없던 시절, 영어로 된 『브리태니커 백과사전』은 손님맞이용 벽 장식이나 라면 받침대로 쓰기에 훌륭한 물건이었다. 하지만 백과사전을 다른 용도로 써 본 사람들이라면 알겠지만 그것은 사도 그만 안 사도 그만이다. 고객들은 가보의 단편소설 오디오북을 듣는 기분으로, 평생 근처에도 가지 않을 백과사전을 허겁지겁 사들였을 것이다.

가보의 '약 파는' 솜씨는 어디서 비롯되었을까? 우스갯소리가 아니라 그의 아버지 가브리엘 엘리히오 가르시아 마르케스는 진짜 약을 팔았다. 원래 그는 서쪽 볼리바르주의 전신 기사 출신으로, 결혼한 뒤에는 아라카타카 전화국의 전신수로 일했다. 이후 그는 동종요법을 시행하는 떠돌이 약장수이자 돌팔이 의사로 변신했다.

　동종요법은 요통, 당뇨병, 고혈압 치료는 물론이요, 정력, 요실금 등 거의 만병통치를 해 주는 신비의 약이 소개된 광고 전단을 떠올리면 쉽다. A4 한 장짜리 갱지에 프린트되어 무나 배추를 쌀 때 쓰면 좋지만 굳이 눈여겨보지 않는 그 종이 말이다. 동종요법은 환자의 증세와 비슷한 증세를 일으키는 약제를 환자에게 소량 투입해 치료하는 일종의 면역요법을 말한다. 『백 년의 고독』에 우르술라의 아들 아우렐리아노 대령이 주머니에 '반역'을 상징하는 동종요법 알약을 넣고 다니던 시절이 있었다고 나오는 것으로 보아 정통 의학과는 거리가 먼 치료 요법임이 확실하다.

　하지만 이런 민간요법은 콜롬비아를 남북으로 관통하는 마그달레나강 하류의 노인들에게 꽤 인기가 있었다고 한다. 카르타헤나대학 의대를 중퇴한 아버지는 스스로 독학한 동종요법을 바탕으로 자연요법 의사로 일하면서 여섯 군데가 넘는 약국을 망하게 하고도 꾸준히 새로 약국을 열었다. 또한 『콜레라 시대의 사랑』에 묘사된 대로 피아노와 바이올린을 연주하고 연애편지 대필도 가능한 유려한 말솜씨를 바탕으로 가보의 아버지는 모범생으로 곱게 자란 루이사 산티아가 마르케스 이과란을 유혹했다. 보수당원이던 그는, 자유당 성향인 데다가 미혼모의 자식이라는 이유로 그를 강하게 거부한 장인어른의 반대를 무릅쓰고 결국 결혼에 성공했다.

　그가 결혼하기 전에 낳은 자식 네 명과 아내 루이사와의 사이에서 낳은 7남 4녀까지 총 열다섯 명의 자식을 먹여 살린 것도, 결혼 생활 와중에도 카리브해 남자들의 전형적인 특성을 발휘하듯 외도

가보의 부모

1927년, 가보는 아버지 가브리엘 엘리히오 가르시아 마르케스와 어머니 루이사 산티아가 마르케스 이과란 사이에서 11남매의 장남으로 태어났다. 유려한 말솜씨를 자랑하는 떠돌이 약장수였던 아버지는 가보에게 이야기꾼에게 필요한 '약 파는' 솜씨를 물려주었고, 어머니는 아버지가 결혼하기 전에 낳은 네 명의 자식들까지 포함하여 총 열다섯 명의 자식들을 거두어 키울 만큼 강인하면서도 부드러운 목소리로 가족을 지배했다.

를 끊임없이 일삼았지만 끝내 혼외 자식까지 거두어 키울 만큼 아내의 지지를 얻을 수 있었던 것도 어쩌면 그의 탁월한 언변과 무관하지는 않았으리라. 실제로 그는 식탁 앞에서 재담을 늘어놓는 재미난 아버지였고, 어린 가비토는 그런 아버지를 한때 좋아하기도 했다. 물론 성장하면서 가보는 서로 정치적 노선이 다른 데 대한 불편감 때문인지 아버지에 대한 긍정적인 묘사를 하지 않았다.

아버지는 또한 사업가적 기질을 가지고 있지 않으면서도 돈 욕심을 부려 여기저기에 약국을 차렸다 망한 뒤 할 일이 없어지자 보물을 찾으러 나가겠다고 대책 없이 떠난 남자였다. 바랑키야에 같이 살 때는 밤마다 친구들 집에 어린 가비토를 데리고 놀러 가는 바람에 소년은 몽유병에 시달리기도 했다. 또한 대책 없이 아버지가 사라지자 가비토는 생활비를 얻기 위해 아버지의 친구들에게 전화를 걸어 돈을 빌려야 했다(가보의 공포증이 두 개가 있는데, 하나는 비행기 공포증이고 다른 하나가 바로 이때 생긴 전화 공포증이라고 한다). 결정적으로 가보가 아버지와 갈등하게 된 것은 평생 글쓰기를 하겠다고 선언한 이후였다.

나는 태어나면서부터 내가 작가가 될 것이라고, 작가가 되고 싶다고 생각했다. 내게는 작가가 될 의지, 능력, 용기와 자질이 있었다. 나는 그것을 멈추지 않았고, 글 쓰는 일 이외에는 어떤 것도 생각하지 않았다. 나는 글쓰기를 하며 평생 살 것이라고 믿지 않았지만 그것을 위해 죽을 준비는 되어 있었다.
— 이브 빌런 외, 다큐멘터리 〈가브리엘 가르시아 마르케스〉 중

아버지는 그 자신도 바이올린을 위해 학교를 그만둔 보헤미안이었으면서 법대를 자퇴하고 작가의 길을 선언한 장남과 각을 세웠다. 아마도 가보의 자서전 전반에 걸쳐 아버지에 관한 일화가 대부분 서술로 채워지는 것은 가보가 머리가 크고 나서 아버지와 실제 대화라고 할 만한 대화를 거의 나누지 않았기 때문이라 짐작된다. 그는 언제나 아버지를 무서워했고 용서하기 힘들어했지만 끝내 용서했다. 그는 자서전에서 아버지를 사랑했고 그 덕분에 작가가 되었다고 고백했다.

어머니와 골치 아픈 '큰아들'

한편 가보의 어머니 루이사는 수도원에서 피아노를 치며 모범생으로 곱게 자란 전형적인 요조숙녀였다. 루이사를 모델로 삼은 듯한 여성들은 『백 년의 고독』의 페르난다와 메메, 『콜레라 시대의 사랑』의 주인공 페르미나 다사 등 여러 작품에 중첩되어 나타난다. 그녀는 여러모로 가보의 아버지와는 달랐다. 가보는 자서전에서 아버지는 위기가 있으면 십자말풀이를 하는 성격이라면, 어머니는 이를 피하지 않고 극복하는 성격이라고 했다.

『백 년의 고독』 전반에 등장하는 여성 캐릭터를 감안해 보면 어머니를 비롯한 여성들과의 대화에서 가보가 얼마나 많은 영향을 받았는지 짐작하고도 남는다. 어린 시절에 하녀들과 자라고 그들에게 동정마저 헌납한 그에게 여성들과의 대화는 지극히 자연스러운 것이었다. 그의 서사가 기승전결보다는 어떤 맥락 없이 A에서 B로, 다시 C로 마구 점프하는 것은 여성들이 선호하는 대화 방식이기도 하다. 순간 정신을 다른 데 팔면 화제는 저만치 멀리 가 있는 화법 말이다.

어머니는 강인하지만 부드럽고 아버지보다 훨씬 현명한 말투를 가지고 있었다. 또한 아버지 못지않은 뛰어난 이야기꾼이기도 했다. 가보의 나이 쉰에 『콜레라 시대의 사랑』을 쓰기 시작했을 때, 만일 어머니의 증언이 없었다면 우리는 가보 부모의 연애 시절 그 자체인 이 작품을 그 유려한 문체로 만날 수 없었을 것이다. 사실 부모의 연애사는 가보의 소설 속에서 계속 되풀이된다. 『콜레라 시대의 사랑』에서는 페르미나 다사의 고모이자 수녀인 에스콜라스티카의 감시 아래, 『내 슬픈 창녀들의 추억』에서는 히메나 오르티스의 숙모인 아르헤니다의 감시 아래, 『백 년의 고독』에서는 어머니 페르난다의 살벌한 감시 아래 연인들이 비밀 연애를 한다.

또한 어머니는 미신과 주술을 믿었지만, 역설적으로 남성들에게 현실을 일깨워 주는 역할을 하는 데 앞장섰다. 그는 돈 벌러 나간 아버지 대신 아이들에게 「일요신문」을 읽어 주고 책 읽는 법을 가르쳐 주었다. 『아무도 대령에게 편지하지 않다』에서 체면과 존엄을 중시하며 생계를 등한시하는 대령에게 아내는 먹을거리가 없어서 냄비에 돌을 넣어 끓인다며 현실을 각인시키지만 대령의 입장은 단호하다. "똥."

이 단어 하나로 마무리가 되는 묘한 마지막 장면을 희한하게도 자서전 『이야기하기 위해 살다』에서도 만날 수 있다. 자서전에는 인내심 많은 성녀 리타의 이야기가 나온다. 술에 취한 남편에게 무엇을 먹겠냐고 묻자 남편은 식탁 위의 닭똥을 보고 툴툴거린다. "똥." 남편의 투정에도 불구하고 아내는 부드러운 목소리로 남편을 대접했고, 그녀의 덕성에 반한 남편도 예수를 믿게 되었다는 에피소드다.

과연 이 두 개의 에피소드가 어떻게 이어졌는지는 모르겠다. 어린 시절 제멋대로 굴던 아버지와 달리 언제나 침착하던 어머니의 이미지가 어떤 연상 과정에 의해서『아무도 대령에게 편지하지 않다』의 한 일화로 굳어졌을 것이라 생각한다. 어쨌거나 이 에피소드는 현실과 소설의 묘한 맥락을 이어 주면서도 여성에 대한 가보의 기본적인 생각이 어떠했는지 보여 준다.

가보의 아버지가 환자에게 모르핀을 잘못 주사해 업무상 과실로 형사 입건이 되고 여성을 마취한 뒤 강간했다는 혐의를 받았을 때 누구보다 적극적으로 그를 구해 낸 이도 어머니 루이사였다. 가보의 어머니는 골치 아픈 '큰아들'을 포함해 수십 명의 아이들을 길러 냈고, 카리브해 연안을 여기저기 옮겨 다니면서 늘 불안한 생활을 해야 했으며, 남편이 말도 없이 사라진 뒤에는 갑자기 아이처럼 변해 딸들과 인형 놀이를 하기도 했다. 마음고생으로 점철된 삶을 산 그녀는 아흔일곱 살까지 무병장수하면서 자식 열다섯 명을 비롯해 손자, 증손자, 고손자까지 총 182명의 자손들을 두고 2002년에 가보의 자서전 집필 종료와 함께 생을 마쳤다.

그녀의 마지막 가는 길이 저 수많은 아이들에게 둘러싸여 행복한 유치원처럼 보였을 것이고, 게다가 평생 자식 뒷바라지를 하며 고

가보가 어린 시절을 보낸 외조부모 집

어린 가보는, 생계 때문에 여기저기를 옮겨 다닌 부모로 인해 아라카타카에 있는 외조부모 집에서 일곱 살 때까지 살았다. 시민전쟁에 참가한 적 있는 외할아버지는 1928년에 일어난 바나나

> **Mi recuerdo más vivo y constante es el de la casa misma de Aracataca donde vivía con mis abuelos. Todos los días de mi vida despierto con la impresión, falsa o real, de que he soñado que estoy en esa casa, estoy allí, sin edad y sin ningún motivo especial, como si nunca hubiera salido de esa casa vieja y enorme.**
>
> *El olor de la guayaba*

학살 사건을 손자에게 수없이 들려줄 만큼 현실적인 사람이었고, 미신과 주술의 세계에 빠져 있던 외할머니는 환상적인 사람이었다. 현실과 환상 사이에서 느꼈을 양가감정은 훗날 가보가 창조한 환상적 리얼리즘의 밑거름이 되었을 것이다.

생한 분이 아무런 고통 없이 자연사했다는 사실에 나도 모르게 안
도했다. 풍요와 자상함, 인자함, 지지자로서의 어머니는 피 흘리며
죽어 가는 예수를 안은 채 슬픔의 눈물을 흘리는 성모 마리아를 떠
올리게 한다. 실제로 가보의 작품 속에서 어머니들은 자식과 보이
지 않는 탯줄로 연결된 존재로, 자식의 죽음을 당연하게도 예언하
는 존재로 나타난다.

이를테면 『백 년의 고독』에서 우르술라는 아들 아우렐리아노 부
엔디아 대령의 죽음을 직감한다. 마콘도에 있던 우르술라는 난로에
얹어 둔 우유가 끓지 않자 이상하게 여기며 주전자 뚜껑을 열었는
데 구더기가 가득 차 있는 것을 보고 아들의 죽음을 알아채고 남편
에게 가서 서글피 하소연한다. 그녀의 마음을 알아주듯 솜씨 좋은
의사가 총알을 빼내면서 아들은 죽음을 겨우 면한다.

가보의 형제들

어린 가비토에게는 배다른 형제 넷과 친동생 열 명이 있었다. 아
버지의 모험심과 왕성한 정력, 어머니의 가임 능력에 의해 그는 위
로는 일곱 살 많고 아래로는 스무 살이나 어린 동생을 두었으며, 그
들과 평생 좋은 관계를 유지했다. 가보만큼 대인 관계가 좋은 작가
가 드문데, 이것은 어린 시절 동생들과의 우호적 관계가 한몫하지
않았나 싶다.

어머니 루이사는 남편이 외지를 여러 차례 다니면서 낳은 아벨라

르도, 카르멘 로사, 헤르마이네(에미), 안토니오(토뇨) 등 배다른 자식을 포함해 총 열다섯 명의 아이들을 모두 도맡아 키웠다. 배다른 형인 아벨라르도와 첫째 동생 루이스 엔리케는 그야말로 노는 데 도가 튼 형제들이었다. 아벨라르도는 가비토에게 필요한 것은 여자라면서 시시콜콜한 연애 코치를 해 주었고, 배다른 누나인 카르멘 로사는 중학생인 가비토에게 키스할 때 누구보다 기뻐했다. 바로 한 살 동생인 루이스는 성매매 업소에서 한 여자를 공유한 형제이자, 어린 시절부터 말썽꾸러기로 소문난 아이였다. 그는 용돈으로 슬롯머신을 해서 돈을 두 배로 따 마당에 묻기도 하고, 약국 외상값을 가로채 기타를 사기도 해서 부모가 그를 메데인의 폰티두에뇨소년원으로 보내 버렸다. 그런데도 하고 싶은 일만 골라서 하는 개구쟁이 루이스를 가비토는 질투했다. 1년 반 동안의 소년원 생활을 마친 루이스는 수크레 시장의 비서직을 맡았고, 시장이 병가 낸 동안 최연소 시장 직무 대행이 되기도 했다. 그런 그는 훗날 회계 교사이자 기타 연주자가 되었다.

둘째 동생 마르고트(혹은 마르가리타)에게는 흙을 먹는 버릇이 있었고, 다섯째 동생 구스타보는 전기 기사이자 가수가 되었으며, 넷째 동생 리히아와 여섯째 동생 리타는 외할머니의 영향인지 여자 귀신을 자주 보았고, 동생들 훈계하기를 좋아하던 일곱째 동생 하이메는 유일하게 학사 학위를 따서 토목 기사가 되었으며, 여덟째 동생 에르난도(난치)는 소방관이 되었다. 아홉째 동생 알프레도(쿠키)는 마약 중독으로 쉰두 살 때 심장 발작을 일으켰고, 가비토와 가장 비슷하며 문학성이 남달랐던 스무 살 아래의 막냇동생 엘리히오

가보의 형제들

열한 명의 친형제자매들 중 맏이로 태어난 가보는 부재할 때가 많은 부모님을 대신하는 존재
였다. 형제들과의 우애가 깊었으며, 특히 흙을 먹는 버릇을 가지고 있고 그와 마찬가지로 내향
적이었던 여동생 마르고트와 각별했다. 왼쪽에서 시계 방향으로 셋째 마르고트, 사촌 에두아
르도, 첫째 가보, 둘째 루이스 엔리케, 넷째 아이다 로사, 다섯째 리히아다.

(이요)는 600쪽이 넘는 『백 년의 고독』 연구서를 출간했다.

이들 가운데 가비토와 두 살 아래 여동생 마르고트와의 관계는 각별했다. 훗날 레베카와 아마란타의 모델이 된 마르고트는 가비토의 동지였다. 외향적이던 동생 루이스나 아이다와 달리 소심하고 내향적이던 마르고트와 가보는 주로 집에 있었다. 마르고트가 특히나 오빠 가비토를 따른 이유는 흙을 먹을 때마다 오빠가 어른들이 눈치채지 못하도록 감시해 주었기 때문이다. 마르고트는 부모가 바쁘게 일하는 동안 충분한 영양을 섭취하지 못한 탓에 철분 결핍 증상을 앓았고, 그러면서 흙을 먹게 된 것으로 보인다. 토식증은 신생아 때 원시 반사 중 하나인 설근 반사가 오래도록 남아 있는 특이한 경우로, 손가락 빨기를 오래하는 아이에게 나타난다.

마르고트는 커서도 애정 결핍에 시달린 모양이다. 그녀는 어머니가 20대 초반부터 약 20년간 끊임없이 낳았던 동생들을 아래 여동생 아이다와 도맡아 키웠다. 이 둘은 평생 독신이었는데, 아마도 너무 많은 동생들에게 질려서인지 모르겠다. 마르고트는 아이 키우기 힘들다고 어머니에게 제발 그만하라고 부탁했을 정도이니 말이다.

가보는 넘치도록 형제가 많은 이 집안의 대들보였다. 마을의 경제를 지탱해 주던 바나나 회사가 해체된 이후로 점차 몰락한 집안은 황소 다리 하나로 수프를 끓여 일주일을 나고, 전깃불 대신 헝겊에 불을 붙여 생활할 정도로 가난했다. 어린 시절 만화와 라디오가 유일한 사치였던 가비토는 전기가 끊기자 라디오에서 들은 노래를 외워 들려주던 다정한 형이자 오빠였다. 또한 직접 그린 만화를 팔기도 하고, 헝겊 샌들을 신고 광고 전단을 나누어 주고, 인쇄소 아르바이트를 하는 등 아버지의 부재를 대신하는 속 깊은 효자이기도 했다. 이렇게 수십 명이 북적대는 가운데에서도 아버지는 끊임없이 외도를 했지만, 가보가 집을 떠날 때 가족은 눈물이 날 정도로 화목하고 형제간의 우애도 깊었다. 하지만 아무리 그렇다고 한들 어린 가비토가 어른 가보로 성장하는 데 미친 그들의 영향력이 그의 외조부모만큼 컸다고 할 수는 없겠지만 말이다.

환상과 현실 사이에서

아이 한 명을 키우려면 할머니, 할아버지와 태권도장이 필요하다. 1930년대 콜롬비아 북부의 작은 마을 아라카타카에서 태권도를 접할 수 없었던 아이가 탁월한 글쟁이가 되려면 조부모를 잘 만났어야 했다. 그런 면에서 열한 명의 형제 중 첫째로 태어난 가비토는 상당히 운이 좋은 아이였다. 외할머니 이과란은 셰에라자드 같았고, 외할아버지 니콜라스 리카르도 마르케스 메히아 대령은 가비토의 유년 전반을 지배했다. 손자의 기저귀를 갈아 주고 간식으로 엠파나다를 만들어 주었을, 각기 다른 개성을 가진 두 분은 '다행히' 서로 의견이 맞지 않았고, 이로 인해 아이는 소설 속에 무수히 등장하는 갈등 다루는 법을 자연히 깨우쳤을 것이다.

인간에게 할머니, 할아버지란 어떤 존재일까? 부모가 되었을 때는 마냥 힘들어하던 이들도 조부모가 되어 손자를 볼 때면 그렇게 애틋하게 느껴진다고 한다. 직접적인 양육과 훈육의 대상이라기보다는 유전자에 새겨진 자손 번식의 본능을 무한 사랑이라는 이름하에 실천할 수 있다는 점에서 할머니, 할아버지의 위치는 부모와 남다르다.

따라서 조부모의 전쟁은 아이에게 직접 생채기를 내는 부모의 전쟁과는 다르다. 그것은 성별 대결 같은 하찮은 수준을 넘어 마치 세대를 이어 내려오는 두 종족 간의 치열한 세력 다툼 같은 것이다. 두 세력은 각 종족이 가진 이념의 세대 전파를 위해 손주를 놓고 치열하게 싸운다. 누구의 의견이 옳은지는 외손주가 누구의 자장가를 들으며 자고 싶어 하느냐에 달렸다.

나와 할아버지는 여자들이 우글거리는 집에 사는 단둘의 남자였다. 내 삶은 이상했다. 왜냐하면 우리는 할머니 지배하에 미신적인 세계, 모든 일이 일어날 수 있는 환상적인 세계에서 살았기 때문이다. 믿을 수 없는 일이 매일 일어났다. 하지만 할아버지는 현실적인 사람이었고, 시민전쟁에 참가했으며, 정치적 술수에 대해 자주 이야기했다. 그는 내가 어른인 것처럼 취급했다. 나는 이렇게 전혀 다른 두 세계에 갈라져 살았다.

— 이브 빌런 외, 다큐멘터리 〈가브리엘 가르시아 마르케스〉 중

아마도 가보는 환상과 현실의 대결 아래에서 많은 양가감정을 느꼈을 것이다. 더욱이 어떤 작품보다 자전적인 그의 소설에는 이 대결이 자연스럽게 녹아들 수밖에 없었을 것이다. 『백 년의 고독』을 읽어 보았다면 외할머니 이과란은 우르술라, 외할아버지 리카르도는 아우렐리아노 부엔디아 대령의 모델이라는 것을 알 수 있다. 좀

더 정확히 말하자면 아우렐리아노 대령은 1899년 콜롬비아 보수 정권에 대항해 반란을 일으킨 자유파 지도자인 라파엘 우리베 우리베 장군을 모델로 한 것이라고 한다. 하지만 연금을 끊임없이 기다리는 은퇴한 대령의 모습은 영락없이 가보의 외할아버지와 닮았다.

재미난 사실은 『백 년의 고독』속 우르술라와 아우렐리아노 대령의 관계다. 작중 우르술라와 아마란타가 실제처럼 이과란과 루이사의 모녀 관계를 그린 것인데 반해, 실제로는 부부 사이인 외할머니와 외할아버지가 작품에서는 모자 관계로 그려진 것이다. 물론 리카르도는 아우렐리아노 대령뿐만 아니라, 호세 아르카디오 부엔디아나 호세 아르카디오 세군도 등 다양한 인물 속에서 변주되어 나타난다. 하지만 실질적인 주인공이자 마콘도의 리더였던 아우렐리아노 대령을 외할아버지와 가장 닮게 묘사한 것이 사실이다.

리카르도는 『백 년의 고독』의 모태가 된 『썩은 잎』에서도 어머니, 아들과 함께 삼위일체의 중심축을 이루는 할아버지의 모습으로 등장하고, 『콜레라 시대의 사랑』에서는 앵무새를 잡으려다 추락사한 우르비노 박사로도 나온다. 덕분에 그들의 이미지는 대체로 비슷하다. 가비토는 어린 나이에도 외할아버지가 집안에서 절대군주처럼 군림하지만 실제적으로 집안을 다스리는 사람은 부인인 일종의 모계사회에서, 마치스모(남성 우월주의)의 전형적인 결혼 생활이 유지되고 있음을 알았던 것이다.

집안의 생계 때문에 부모가 카리브해 주변을 이리저리 옮겨 다니느라 장남 가비토는 일곱 살 때까지 내륙의 작은 마을 아라카타카에 있는 외할아버지 집에서 자랐다. 어린 가비토는 외할아버지를 '파팔

가보의 외조부모 집 다이닝룸
가보가 세상을 떠난 지 5년 정도밖에 되지 않았을 때 찾아간 그의 외조부모 집은 '가보 상품'
이 아직 본격적으로 개발되기 전이어서인지 평범한 박물관이었다. 그럼에도 여러 사람들로
북적였고, 이 집을 거쳐 간 많은 이들이 『백 년의 고독』 안에서 다양한 방식으로 숨 쉬고 있음
을 알 수 있었다.

렐로'라 불렀고, 외할아버지는 손자를 '작은 나폴레옹'이라 불렀다. 파팔렐로의 양육 방식은 독특했다. 외손주를 단순히 귀여운 어린아이가 아니라 하나의 어른으로 대해 주었다. 천일전쟁*에 참전한 용사였지만 『아무도 대령에게 편지하지 않다』에서 하염없이 연금을 기다리는 노인과 똑같은 신세가 된 외할아버지는 바나나 학살 사건**을 천 번도 넘게 말해 주었다.

파업에 가담한 바나나 농장 노동자들을 비롯해 죄 없는 사람 3,000명이 한낮에 바나나 나무처럼 싹둑 잘려서 옆으로 쓰러지는 모습은 어린 가비토의 마음을 후벼 팠다. 수천 명의 목숨을 영문도 모른채 앗아 간 이야기는 어린 그에게 '전설의 고향'급의 공포로 다가왔으리라. 하지만 소년의 마음에 심어진 그 공포는 점차 저항심과 혁명에 대한 당위성으로 자라났다.

그렇게 힘없이 연금이 나오기를 기다리는 작은 마을의 노인은 외세에 맞서 무력 봉기를 한 마콘도의 대장 아우렐리아노 부엔디아 대령으로 변신해 갔다. 한마디로 『백 년의 고독』은 〈어벤저스〉 같은 영웅담이다. 젊은 시절 오이디푸스 등의 신화를 탐독한 가보는 부엔디아 가문의 신화를 만들어 냈다. 부엔디아가의 6대에 걸친 전쟁은 외적 전쟁과 내적 전쟁의 형태로 나타난다. 외적 전쟁은 천일전쟁으로 대표되는 무력 다툼이고, 내적 전쟁은 외부의 공격에 말살

* 1899년에서 1902년까지 콜롬비아의 자유당(게릴라군)과 보수당(정부군) 사이에 벌어진 내전. 전쟁의 결과 파나마가 독립국으로 분리되고 자유당이 정권을 잡았다.

** 1928년 12월 6일, 콜롬비아 산타마르타 근처 시에나가에서 일어난 학살 사건이다. 최대 2,000~3,000명이 안티오키아 군대에 의해 학살되어 바다에 버려졌다.

당한 인간 개개인에게 드러나는 갈등이다. 다시 말해 마콘도 최대의 영웅 아우렐리아노 대령의 모델인 외할아버지는 알고 보면 아이언맨과 헐크와 토르를 합친 듯한 '캡틴 라틴아메리카'이고, 마법의 세계를 미리 간파해 양피지에 설파한 멜키아데스는 '닥터 스트레인지'이며, 밤새 은세공 작업에 매달리다가 정신이 혼미해져 밤나무에 매달린 채 죽어간 1대 영웅 호세 아르카디오 부엔디아는 우주의 신비한 물건을 모으는 '콜렉터'다.

영웅이나 다름없는 외할아버지가 1937년에 사망했을 때 마르고트는 큰 슬픔에 잠겼다. 그녀는 집에 돈이 다 떨어져 가보와 함께 친척 집을 전전하다가 신세Sincé에 있는 아버지 집으로 가야 했다. 당시 아버지 가브리엘 엘리히오는 염소 사업에 투자했다 폭삭 망했고, 몇 개월 안에 가족은 다시 아라카타카로 돌아가야 했다. 가보의 전기에 따르면, 그는 외할아버지의 사망 당시 몸에 이가 득시글거리는 것이 더 큰 걱정거리였다고 눙쳤지만 실제로는 무척 상심했으며, 그 일을 계기로 아라카타카와 그의 어린 시절의 세계가 완전히 사라졌다고 한 바 있다. 이후 그는 책과 글에 집착했고, 심지어 죽지 않으려고 글을 쓰는 강박에 사로잡히기도 했다.

우리 할아버지가 죽었을 때 내 세계는 아라카타카에서 완전히 사라졌다. 나는 부모님과 어린 시절을 지냈고, 그것은 그 전과 완전히 다른 현실의 세계였다.
— 이브 빌런 외, 다큐멘터리 〈가브리엘 가르시아 마르케스〉 중

가보의 외할아버지 니콜라스 리카르도 마르케스 메히아

가보의 어린 시절을 지배한 외할아버지는 어린 손자를 '작은 나폴레옹'이라 부르며 한 명의 어른으로 대했다. 콜롬비아 전 국토를 유린한 천일전쟁에 참여한 적 있는 외할아버지는 손자에게 이 비극적 내전에 대해 반복적으로 들려주었는데, 이는 가보의 뇌리에 박혀 훗날『백 년의 고독』의 탄생에 지대한 영향을 끼쳤다. 외할아버지 역시『백 년의 고독』의 주인공인 아우렐리아노 부엔디아 대령의 모델이 되었을 뿐만 아니라, 그 밖의 다양한 인물로 변주되어 등장했다.

마콘도의 실질적인 주인

그렇다면 외할머니 미나는 그에게 어떤 존재였을까? 외할머니는 『백 년의 고독』에서 실질적으로 마콘도를 유지하게 만든 1대조 할머니 우르술라의 역할 모델이다. 그녀는 "태양이 행성들을 지배하듯" 마콘도의 모자란 남자들을 지배했다.

외할머니의 본명 트랑킬리나 이과란 코테스라는 이름은 무척이나 복합적이다. 이과란은 『백 년의 고독』의 여주인공 우르술라의 성이고, 코테스는 아우렐리아노 세군도의 첩이자 다산과 행운의 여신이자 예언가 혹은 '갈보'라 불린 여인 페트라 코테스를 연상케 한다. 실제로 많은 부분이 우르술라와 겹친다. '트랑킬리나Tranquilina'는 에스파냐어로 '차분하다'는 뜻이다. 하지만 이와는 정반대로 우르술라는 100년을 한결같이 집안 곳곳을 분주히 지배하는 캐릭터였다.

커피로 유명한 콜롬비아에서는 차나 커피를 마신 다음 잔 바닥에 남은 찻잎이나 커피 찌꺼기로 점을 친다. 이것은 우리나라에서 쌀알로 점치는 것만큼이나 허무맹랑해 보일 것이다. 하지만 외할머니에게 미신은 인생의 신념이자 생활신조였다. 외할머니는 손주 중 누가 우산을 펴려고 하면 누가 죽을지 모르니 접으라고 하거나, 개구리를 마녀라고 부르는 등 끊임없이 가비토의 호기심을 자극했다. 집안 곳곳에서 종종 유령을 보는 이과란이 가족을 이끄는 실질적 리더였기에 가족 모두는 미신에 익숙할 수밖에 없었다.

외할머니를 모델로 한 우르술라 역시 미신에 대한 믿음 못지않게 현실감각을 가지고 세상 물정에 통달한 사람이었다. 그녀는 집안의 실질적 가장이었다. 동물 모양 과자를 팔고 빵 공장을 운영하여 큰 돈을 벌고, 건물을 증축하고, 집을 청소하고, 성당 건축을 위해 어마어마한 돈을 내놓기도 하고, 독재자가 되어 아무나 처형하는 것이 버릇이 된 아르카디오에게 살인자라고 당당히 비난하고, 열일곱 명의 아우렐리아노를 비롯해 남편의 배다른 자식과 남의 자식을 모두 거두어 키우고, 자신의 딸 아마란타에게 억울하게 독살당한 며느리 레메디오스의 죽음을 누구보다 슬퍼하고, 똑똑했던 남편이 미치광이가 되어 집안의 밤나무에 묶여 죽지도 살지도 못하고 있을 때 그를 염려하고 감싸 준 사람은 바로 우르술라였다. 남편과 아들이 전쟁의 트라우마를 극복하지 못하고 연금술과 은세공에 몰입하고 있던 그 긴 시간 동안을 그녀는 온전히 자신의 가족을 위해 온갖 희생을 감내하며 그들의 똥을 치웠다. 독재자 아르카디오의 부인인 산타 소피아 드 라 피에다드가 오죽하면 딸이 고생을 덜하게 하려고 딸의 이름을 '우르술라'라고 지어 달라던 남편의 유언을 일언지하에 거부했을까.

유토피아로 가는 길

공교롭게도 나 역시 100년 전 가보가 그랬듯이 바랑키야에서 가보의 고향이자 유토피아 마콘도의 모델이 된 아라카타카로 가려는 중이었다. 다행히 가보처럼 멀미 나는 통통배를 탈 일은 없지만 어디 유토피아 가는 길이 그리 호락호락하겠는가. 오늘날 저 엄청난 유토피아로 가려고 계획하고 있다면 두꺼운 소설이나 스도쿠 같은 것을 준비하기 바란다. 그리고 그 유토피아는 정해진 스케줄보다 최대한 늦게 출발하지만 절대 사과는 하지 않는 버스를 타야 당도할 수 있다. 그것은 최대한 많은 정류장에 아무렇게나 서고, 그때마다 최대한 많은 사람을 태우고 최대한 허리와 엉덩이에 무리가 많이 갈 수 있는 길을 지나고 이상한 엔진 음을 내면서 도착 10분 전에 결국 고장이 나서 또 다른 인내의 깨달음을 주는 버스다.

2018년 7월 11일 아침 8시에 일어나 콜롬비아 북부 바랑키야의 시몬볼리바르 지역에 있는 터미널로 가서 일찌감치 버스에 올라탔다. 버스에 탄 지 한참 지났는데 차는 출발도 안 하고 온갖 종류의 상인만 태웠다. 사과, 땅콩바, 과자, 빵, 초코바 등 대부분은 2,000페소 정도이고, 고기 반찬 하나를 포함한 점심밥을 팔기도 했다. 상인들의 특징은 콜라 캔을 줄줄이 목에 걸고 한쪽 어깨에 스티로폼 박스를 올리고 그 주위에 노란 테이프를 둘둘 말아 놓는 점이다. 그들은 '프로모시온promoción!'을 외치면서 열심히 호객 행위를 한다.

이제 드디어 출발하려나 할 때쯤 이번에는 어떤 남자가 신혼부부의 방에나 장식할 뻐꾸기며, 사람이 튀어나오는 거대 신상처럼 생긴 괘종시계를 어깨에 메고 나타났다. 이미 한 달 동안이나 여행했지만 나는 창밖에 장작을 실은 수레를 끈 채 웅덩이를 헤치고 가는 말의 속도만큼이나 느리게 그 시간에 적응해 갔다.

온갖 먼지와 각종 냄새, 그 괘종시계의 똑딱임으로 가득 찬 다음에야 버스는 출발했다. 물은 안 나오고 문이 안 잠겨서 문고리를 붙

아라카타카로 가는 길

가보가 창조한 유토피아의 배경지인 아라카타카로 가는 길은, 흔히 유토피아행이 호락호락하지 않듯이 많은 곡절을 겪어야 했다. 온갖 상인들을 잔뜩 태우느라 예정 시간을 한참 지나서야 출발한 버스는 최대한 많은 정류장에 아무렇게나 섰고, 최대한 몸에 무리가 많이 가는 길을 달렸으며, 어느 곳에서는 고장이 나서 지체되기도 했다. 게다가 아라카타카는 숨겨진 마을이었기에 정류장조차 찾기 어려웠으니, 유토피아는 아무에게나 열어 주지 않는다는 사실을 실감하게 했다.

잡고 볼일을 보아야 하는 남녀 공용 화장실, 의자 등받이가 자꾸 뒤로 넘어가는 좌석, 이상한 예감에 눈을 떠 보면 옆으로 지나가는 바퀴벌레들을 겪고 나서야 검표원이 표를 걷으러 왔다. 아무래도 불안감이 들어 이 버스 아라카타카로 가냐고 묻자 그는 바로 "가보!"라고 대답했다. 그렇게 우리는 모든 대화를 '가보' 한 단어로 해결했다.

버스가 엘치노 쪽으로 넘어가면서 마그달레나강 위에 세워지고 있는 거대한 다리 위를 지나갔다. 이어서 루타 90이라는 이름의, 시에나가와 바랑키야를 잇는 국도가 나왔다. 강과 무척 가까운 2차선 도로의 왼쪽(북쪽)은 파도가 넘실대는 바다이고, 오른쪽(남쪽)은 잔잔한 강이 흐른다. 약 40킬로미터 거리를 30분 만에 통과하자 드디어 시에나가가 보인다. 시에나가는 거의 100년 전 바나나 학살 사건이 일어난 바로 그곳이다.

시에나가에서 다시 45번 국도를 타고 산타마르타 반대 방향으로 내려오자 바나나 농장이 드넓게 펼쳐졌다. 시에나가 농장 파업이 일어났으리라 짐작되는 빽빽하고 높은 바나나 나무들이 인상적이었다. 나는 이제 30분 정도만 가면 되리라 생각하고 눈을 붙였지만 이내 떠야 했다. 이번에는 버스가 망가진 모양이었다. 나는 결국 한국에서부터 쭉 가지고 온 두꺼운 점퍼를 벗었다. 이런 일은 늘 있다는 듯이 아무도 항의하지 않았다. 다행히 큰 결함은 없었는지 버스는 바로 출발했다.

한 시간쯤 지나고 아무래도 묘한 예감에 무작정 버스에서 내렸다. 마을은커녕 어느 황량한 길바닥이었다. 그 먼지 날리는 도로가 행복의 유토피아라는 생각은 들지 않았는데, 알고 보니 이미 아라카타카는 10분 전에 내려야 했던 곳에 있었다. 아라카타카는 지역의 요충지라기보다는 숨겨진 작은 마을이기 때문에 버스 정류장조차 찾기 힘들었다. 그때 마침 삼륜 자전거가 지나가서 겨우 올라탈 수 있었다. 운전수는 20대 중반쯤으로 보이는 남자였고, 조수석에 다섯 살 정도 되어 보이는 남자 아이를 태우고 있었다. 자식과 일을 동시에 포기하지 않겠다는 일념으로 페달을 열심히 굴리는 젊은 아빠를 보면서 아라카타카로 돌아가던 그 20~30분의 거리가 내게는 너무 멀게 느껴졌다.

누군가 거칠게 그린 가보의 옆 얼굴 벽화를 보고 나는 아라카타카에 도착했음을 깨달았다. '가르시아 마르케스의 장남 노벨문학상 수상'까지는 아니라도 '가보의 마을'이라든가 '마콘도에 오신 것을 환영합니다' 정도의 플래카드나 간판은 있을 줄 알았다. 아라카타카로 오면서 한 가지 깨달은 것은 '유토피아는 아무에게나 문을 열어 주지 않는다'는 것이었다.

반얀나무와 외할아버지의 은세공실

북한의 김정일을 숭앙해 만든 꽃 김정일리아나 레닌의 데드마스크 같은 기념품까지는 바라지 않았다. 적어도 그의 흉상이나 동상은 있을 줄 알았다. 아니 백 보 양보해서 하다못해 가르시아 마르케스 기념품 가게는 있을 줄 알았다. 그렇다면 가보 콧수염이 그려진

외조부모 집 마당에 있는 반얀나무

마치 여러 그루의 나무들이 뭉쳐 있는 듯하여 기괴하고 마술적인 느낌을 주는 이 거대한 반얀나무는 100년 이상은 족히 되었을 것이다. 『백 년의 고독』에서 마콘도 마을을 세운 호세 아르카디오 부엔디아가 훗날 미치광이가 되어 50년간 밤나무에 묶여 있다가 그대로 생을 마감한 장면을 연상시킨다.

컵이나 연필, 공책 정도는 충분히 살 용의가 있었다. 하지만 아라카타카에 있는 가보의 외할아버지 집은 평범한 박물관이었다. 여행책자도 '가보가 한때 살던 집이니까' 한번쯤 들를 가치는 있지만 이렇게 덜컹거리는 버스에 앉아 바퀴벌레를 때려 잡아 가며 올 곳은 아니라는 것을 넌지시 알려 주었다.

내가 방문했을 때는 가보가 서거한 지 5년 정도밖에 되지 않은 시점이라 아직 본격적인 '가보 상품'이 개발되지 않았는지 모르겠다. 작은 마을에 있는 도서관도 마찬가지였다. 서울의 마을 도서관만도 못한 규모에 우리 집 책장보다 정리가 안 되고 먼지 쌓인 책들이 듬성듬성 놓여 있었다. 가보의 책들이 가지런히 놓인 가운데 그의 작품 세계를 안내하는 대형 스크린 같은 것은 바라지도 말아야 했다. 나는 자원봉사자로 나서 책들을 바로 꽂아 주고 싶은 심정이었다. 거대한 벽화나 제대로 된 기념관을 보려면 보고타에 가야 한다는 것을 금방 깨달았다.

아라카타카의 외할아버지 집은 한때 여러 사람들로 북적였다. 가보의 자서전을 뒤적이다 보면 외조부모 집을 거쳐간 모든 사람들이 그의 소설 『백 년의 고독』 안에서 다양한 방식으로 살아 숨쉬고 있음을 알 수 있다.

가보의 외조부모와 부모님, 동생들뿐만 아니라 외할아버지의 누나, 외삼촌의 혼외 자식 등 한때 10여 명 혹은 수십 명이 드나들었을 하얀 목조 가옥을 거닐고 있노라니 점점 마음이 평화로워졌다. 『이야기하기 위해 살다』에는 다행히 그의 탁월한 기억력 덕분에 많은 추억이 복원되어 있다. 마호가니 색으로 통일한 가구와 소박한 물건들이 있는 방과 가보의 책에 적힌 문구들을 따옴표에 넣어 새긴 하얀 벽들은 단순함의 극치를 보여 주었다.

나는 두 가지 이유 때문에 그 집에서 살고 싶어졌다. 하나는 마당 한복판에 괴물처럼 박혀 있는 거대한 반얀나무다. 100년 혹은 200년은 족히 넘었을 것 같은 그 나무는 부엔디아 가문의 최초의 인간 호세 아르카디오 부엔디아가 죽기 전에 묶여 있던 밤나무를 연상케 했다. 산타마르타의 열대 기후를 듬뿍 머금고 자란 그 나무는 아마도 그 집에 산 수십 명이 손을 맞잡아도 한 아름에 들어오지 않을 만큼 거대하다. 괴물의 발톱처럼 길고 과감하게 뻗어 나간 나무줄기와 뿌리는 서로 그물처럼 얽혀 땅 위에 단단히 박혀 있다. 호세 아르카디오 부엔디아는 마콘도를 발견하고 개척한 장본인이지만, 말년에는 미치광이가 되어 밤나무에 묶여 있다가 그대로 생을 마감한다. 나무는 노쇠한 우르술라가 남편 옆에서 영혼을 쉴 수 있는 안식처이기도 했다.

호세 아르카디오 부엔디아가 사망할 때 마치 왕이 사망한 것처럼 하늘에서 노란 꽃들이 비처럼 내려 집에 쌓이는 바람에 동네 사람들이 삽으로 꽃송이를 치우는 장면은 마콘도에서 일어난 가장 환상적이고 평화로운 풍경이다. 그의 죽음이 평화로웠던 것은, 나무에 묶인 50년간 줄곧 그에게 죄책감을 안긴 푸르덴치오 아귈라와 대화를 나누면서 삶이 가져다준 온갖 응어리를 다 해결하고 죽었기 때문일 것이다. 그래서 그는 위대한 인물의 죽음과 잘 어울리는 선명하게 아름다운 노란 꽃 이미지로 생을 마무리했다. 이 노란 꽃의 이미지는 후반부에 나오는 마우리시오 바빌로니아의 노랑나비 이미지와 이어지며 작품에서 가장 아름다운 순간으로 꼽힌다.

호세 아르카디오 부엔디아의 결투 일화는 가보 외할아버지의 실화에서 가져왔다. 외할아버지는 푸르덴치오 아길라의 실제 모델이자 동지였던 메다르도 파체코를 살해했다. 이로 말미암아 마을이 분열되었고, 이후 외할아버지는 1년 형을 선고받고 감옥에서 보냈다. 이에 가보는 조상의 과보를 그 스스로 떠안으며 죽은 자와 그 가족들에 대해 큰 연민을 보낸다고 말한 바 있다.

내가 그 집에서 살고 싶었던 또 하나의 이유는 은세공실 때문이다. 그곳은 멜키아데스, 호세 아르카디오 부엔디아, 아우렐리아노 부엔디아 대령, 호세 아르카디오 세군도로 이어지는 마콘도의 대표적 족장들이 은둔하면서 보낸 방이다. 그 방에는 예전에 가보의 외할아버지 리카르도가 현역 은퇴 후 은세공을 했던 흔적이 고스란히 남아 있다. 서랍이 두 개 달린 작은 나무 책상 위에는 그가 사용했을 정이며 끌, 돌 같은 소박한 물건들이 놓여 있다. 그는 자신의 가장 큰 즐거움을 방해받지 않기 위해 그 은세공실에 집안 여자들의 출입을 금했다.

외할아버지는 운이 좋은 사람이었다. 은퇴한 어른이 혼자만의 취미를 가졌으니. 그는 퇴역 장군에게 걸맞은 전략 게임인 도미노나 체스를 할 수도 있었다. 도미노나 체스는 전쟁의 축소판이어서 그는 완전히 질려 버렸을지 모르겠다. 그런데 왜 그는 하필이면 은세공이라는 고독한 일을 택했을까? 사실 그는 선대부터 이어져 온 은세공업을 열일곱 살 때부터 해 왔다. 은세공은 직업이 아니라 놀이였기에 그는 기꺼이 고독에 헌신할 수 있었을 것이다.

나는 리카르도의 책상이 너무도 작아서 놀랐다. 그렇게 벽을 향해 틀어박혀 혼자 물고기 보카치코 위에 고독을 새겨 나갔을 퇴역 대령의 등허리가 떠올랐다. 그리고 그 왼쪽 밑에는 어른의 무릎 이하의 높이에 작고 예쁜 그림이 있었다. 어린 가비토가 외할아버지 옆에서 그린 기차 그림이다. 색감이 아이답게 화려하면서 귀여워서 나는 입을 다물 수 없었다. 외할아버지의 은세공실 벽에 그림을 그리던 것이 버릇이 되어 가보는 커서도 아무 데나 그림을 그리고는 했다. 그런데 어린 가비토가 그린 것이 하필이면 기차 그림이라는 것이 많은 생각을 들게 했다. 마콘도에 많은 외지인을 들여오고, 그들로 인해 많은 시체가 바다에 버려지기 위해 실려 나가고, 결국에는 마콘도를 붕괴시키는 데 일조한 바로 그 기차라는 점이 말이다.

어린 가보가 그린 기차 그림

아라카타카에는 가보의 외할아버지가 현역에서 은퇴한 뒤 틀어박혀 작업하던 은세공실이
남아 있는데, 이곳은 『백 년의 고독』에서 부엔디아가 남자들이 은둔하면서 보낸 방으로 형상
화되었다. 어린 가보는 외할아버지가 작은 황금 물고기 위에 고독을 새겨 나갈 때, 그 옆에서
벽에다가 이렇듯 귀여운 기차 그림을 그렸다.

가르시아 마르케스 부부의 가계도

가보의 어머니 루이사 산티아가 마르케스 이과란은 『백 년의 고독』의 주요 인물로 재탄생한 니콜라스 리카르도 마르케스 메히아 대령과 트랑킬리나 이과란 코테스의 막내딸로 태어났다. 루이사는 남편 가브리엘 엘리히오 가르시아를 만나 슬하에 열다섯 명의 아이를 두었다. 이 중 열한 명은 친자식이고, 나머지 네 명은 배다른 자식이다.

부부는 돈을 벌기 위해 자식들 곁을 자주 떠나 있었고, 이들 사이의 첫 아이인 가보는

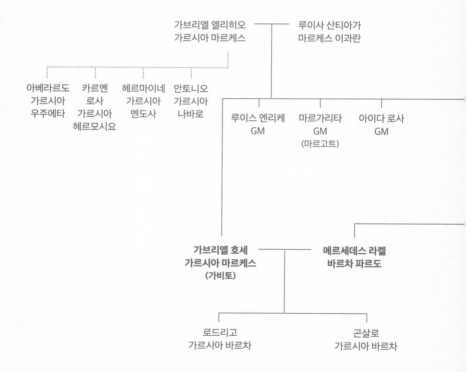

부모 대신 동생들의 부모 노릇을 해야 했다. 가보는 형제들과 사이가 좋았는데, 특히 그와 각별했던 여동생 마르고트는 훗날 『백 년의 고독』에 등장하는 레베카의 역할 모델이 되었고, 가보와 문학적 성향이 가장 비슷했던 막냇동생 엘리히오(이요)는 『백 년의 고독』 연구서를 출간했다. 가보는 동네 친구이던 메르세데스와 1958년에 결혼하여 두 아들 로드리고와 곤살로를 낳았다. 이들 부부는 가보가 사망할 때까지 56년간이나 해로했다.

02

마콘도라는
유토피아

세상에서 가장 밝고 아름다운 곳

가보는 이야기꾼이라면 응당 꿈꾸어야 할 사랑과 행복, 영원을 간직한 유토피아를 만들기 위해 새로운 마을을 창조했다. 고대 그리스 신화의 '아르카디아', 윌리엄 포크너 소설에 나오는 이상향이자 가보가 살던 마을 아라카타카와 많이 닮은 '요크나파토파'를 이어받아 그가 창조해 낸 새로운 유토피아의 이름은 그 유명한 '마콘도'다. 마콘도는 그가 살던 아라카타카 집 근처에 있는 농장 이름이었다. 마콘도를 알지 못하고는 가보의 세계를 이해할 수 없다.

집안의 자랑이자 법대생이었던 가보는 스물세 살일 때 작가가 되겠다며 아버지의 반대를 무릅쓰고 대학을 중퇴하고 바랑키야에서 친구들과 어울려 다니고 있었다. 그때 어머니 루이사가 갑자기 나타나 외할아버지의 집을 팔러 같이 가자며 그를 아라카타카로 데려갔다. 이것은 중요한 사건이었다. 바로 그 여행이 없었다면 『백 년의 고독』은 나올 수 없었으니 말이다.

두 사람은 바랑키야에서 아라카타카로 돌아가기 위해 낡은 배를 타고 시에나가의 광활한 늪을 달려 힘들게 먼 길을 갔다. 하지만 어머니는 자신과 가족의 영원한 고향인 그 집을 차마 팔 수 없어 끝내는 마음을 바꾸었다. 어머니의 결단이 아니었더라면 그 거대하고 탐스러운 나무가 집 한복판에 있는 소박한 하얀 집과 『백 년의 고독』은 어쩌면 영영 사라졌을지 모를 일이다.

나는 몇 년 전 남미를 돌면서 수많은 마콘도들을 보았다. 마콘도는 서점의 이름이자, 식당의 이름이자, 카페나 바의 이름이었다. 심지어 마콘도 교향악단과 록밴드도 있다. 마콘도는 우리가 익명의 이름에 '홍길동'이라고 붙이듯이 관용적으로 붙이는 이름이 되었다. 인터넷이 안 되는 지역에서 '마콘도호텔'을 찾으려면 아마도 옛날 전화번호부 책을 수십 장은 넘겨야 할 것이다. 이처럼 세계적으로 널리 퍼진 마콘도의 유명세로 보건대, 아라카타카에 '마콘도카페' 옆에 '마콘도서점' 옆에 '레메디오스식당' 하나 정도는 있을 줄 알았다. 몇몇 호텔이 마콘도라는 이름을 쓰기는 했지만 내가 생각한 그런 북적거림은 없었다. 나를 반긴 것은 가보의 얼굴이 그려진 그래피티들과 조용하고 작은 마을이었다.

나는 아라카타카의 '없음'이 좋았다. 이곳에서는 가보가 100년 전 그 마을에 살 때 느꼈던 것과 비슷한 감정을 느낄 수 있었다. 그것은 내가 수년 전 쿠바에 갔을 때 받은 느낌과 비슷했다. 가보가 태어난 지 이미 100년이 지났지만 아라카타카는 아직 자본의 손길이 여전히 미치지 않은 곳이었다. 빵집이나 사진관, 카드 계산기, 자동판매기 등 늘 사용하는 물건이나 장소가 그대로 있었고, 아몬드나

아라카타카

가보의 작품 전반에 등장하는 마을인 마콘도의 배경지 아라카타카는 작고 조용하며, 거장의
탄생지가 맞는가 싶을 만큼 그의 번듯한 동상 하나조차 찾기 어렵다. 아직 자본의 손길이 미
치지 않아 가보가 살았던 100년 전의 모습을 상상하기에 좋다.

무와 벤치, 카드 게임을 하는 노인, 초등학교처럼 꼭 있어야만 할 풍경만 보였다. 마을 전체를 둘러보아도 가보의 동상은 찾기 힘들었고 기껏해야 소설 구절이 적힌 책 기념물이 기차역 주변에 있었다. 기차역에도 기차가 그다지 오가지 않아 조용했고, 역사 근처에 가보가 노벨문학상을 받을 때의 사진들이 전시되어 있어 '이곳이 아라카타카가 맞긴 맞구나' 하고 안심시켜 줄 정도였다.

『백 년의 고독』의 원형

부엌처럼 거대한 기차가 화려한 노란 꽃을 달고 마콘도에 처음으로 왔을 때는 마콘도가 번영을 구가하기 시작할 때였다. 아우렐리아노 세군도와 페트라 코테스 커플은 토끼나 소를 경품으로 내걸고 추첨권을 팔았는데, 가축들이 하도 빨리 새끼를 치는 바람에 떼돈을 벌기 시작했다. 돈에 환장한 아우렐리아노 세군도는 집 안팎을 1페소짜리 지폐로 몽땅 도배하고도 남은 돈을 마당에다 뿌렸다. 유일하게 이를 경계한 사람은 우르술라였는데, 아우렐리아노 세군도가 붙인 돈을 모두 뜯어내다가 200킬로그램짜리 금화를 발견했지만 이에 침을 뱉고 어딘가 묻어 버린다. 하지만 그 무엇도 마콘도의 활기를 막을 수 없었다.

마을에 있는 오래된 집들을 헐고 시멘트와 벽돌 건물들이 줄지어 들어서자 호세 아르카디오 세군도는 한술 더 떠 바다로 나가는 운하를 파기까지 했다. 동생 아우렐리아노 세군도의 사업 자금을 바탕으로 호세 아르카디오 세군도가 마콘도에서 바다로 나가는 운하를 만들 때, 열일곱 명의 아우렐리아노들 중 하나인 아우렐리아노 트리스테는 기차, 전구, 영화, 축음기, 전화 등의 발명품을 들여오고, 다른 형제 아우렐리아노 센테노는 얼음 사업을 한다. 하지만 얼마 후 아우렐리아노들은 악당들에게 살해당하고, 이것은 이후 잇달아 벌어지는 마콘도의 비극의 전조가 된다. 마우리시오 바빌로니아와 그의 노랑 나비들이 죽임을 당하고 그링고(미국인들을 지칭)들이 마을을 점령하면서 마콘도는 점점 원시 마을의 모습을 잃어버린다.

가보는 이것을 『백 년의 고독』을 출간하기 12년 전에 발표한 데뷔작 『썩은 잎』에서 집중적으로 다루었다. 그가 가장 사랑한 그리스 신화 속 인물인 안티고네 비극을 모티프로, 포크너의 목소리를 빌려 집필한 듯한 『썩은 잎』은 바나나 열병에 휩쓸려 버린 마콘도의 고독감을 자조적으로 보여 준다.

잔혹했던 바나나 학살 사건이 일어나고 어느 금요일 오후 2시에 태양이 비친 뒤로 마콘도는 10년 동안 가물면서 폐허가 된다. 사람들은 집을 버리고 하나둘 떠나고 바나나 회사는 철수해 버린다. 마을은 정지되고, 새들에게도 잊히고, 불개미들이 내는 요란스러운 소리에 잠도 제대로 잘 수 없는 마을이 되어 버린다. 가보는 이런 식으로 복구불능이 되어 버린 마콘도를 애타게 그리워하며 바나나 회사에 대한 원망을 『썩은 잎』에서는 더욱 직접적으로 드러냈다. 바나나의 썩은 잎과 함께 마콘도는 번성했고, 또 그로 인해 몰락했다고 말이다.

아라카타카의 바나나 농장 노동자들

1928년, 콜롬비아 북부 시에나가의 바나나 농장 노동자들이 기본적 처우 개선을 요구하며 일으킨 파업은 최대 3,000명으로 추산되는 노동자들의 죄 없는 죽음으로 귀결되었다. 가보가

어릴 적 외할아버지로부터 전해 들은 이 무시무시한 사건은 어린 그의 마음에 지울 수 없는
화인을 남겼고, 훗날 대표작 『백 년의 고독』과 이 작품의 원형인 『썩은 잎』에서 핵심적으로 다
루어진다.

마콘도의 시간

당신은 태어난 날을 기억할 것이다. 태어난 시간이나 그날의 별자리, 그달의 탄생화나 탄생석까지도 기억할지 모르겠다. 그렇다면 태어난 요일은? 머리를 갸우뚱하는 사람이 많을 것이다. 왜 사람들은 요일에 그다지 관심을 두지 않을까? 어쩌면 너무나도 지겹게 반복되어 굳이 따져 물을 만한 의미가 없다고 생각해서인지 모르겠다.

내가 태어난 요일과 마찬가지로 내가 죽을 요일도 7분의 1의 가능성으로 좁혀진다. 우리가 죽을 날은 알 수 없지만, 이 역시 어떤 하나의 요일로 수렴된다는 사실을 상상하면 인생이 정말로 짧고 단순하게 느껴진다. 요일은 날짜보다는 더 정확한 특징을 지니게 마련이다. 내게 요일의 정의는 이러하다. 월요일은 일어나기 싫은 날, 화요일은 '이제 겨우'라는 수식어가 잘 붙는 날, 수요일은 약간의 희망이 보이는 날, 목요일은 '아직도?'라는 수식어가 잘 붙는 날, 금요일은 출근하자마자 퇴근 시간을 기다리게 되는 날, 토요일은 가장 행복한 날, 일요일은 오후 4시부터 불안해지기 시작하는 날이다. 그렇다면 마콘도에는 요일별로 어떤 일이 있었을까?

월요일
— 마콘도에 불면증이 찾아와 온 동네 사람들이 모두 잠들지 못하고 깨어 있게 된 날.

화요일

— 피에트로 크레스피가 꼬박꼬박 점심을 먹으러 부엔디아의 집에 온 날.

— 아우렐리아노 부엔디아 대령이 무장한 청년 스물한 명을 데리고 기습적으로 방위사령부를 점령하고 아르카디오를 마콘도의 사령관으로 임명한 뒤 마콘도를 벗어나 혁명군 부대와 합류하기 위해 떠난 날.

— 마콘도에서 휴전협정이 이루어진 날.

수요일

— 마콘도에 철도가 오는 날.

— 미스터 허버트, 미스터 브라운, 변호사, 기사들, 농경학자들, 수문학자, 지형학자들, 측량사, 그리고 창녀들이 온 날.

— 아르카디오의 사형 집행일.

— 늙은 수녀가 산타 소피아 드 라 피에다드를 찾아와 페르난다에게 전해 주라며 두 달 전 태어난 메메의 아들 아우렐리아노를 건네준 날.

목요일

— 우르술라의 딸 아마란타가 태어난 날.

금요일

— 3년 넘게 계속되던 마콘도의 장마가 그치고 10년간의 가뭄이

아라카타카의 기차역

마콘도가 번영을 구가하기 시작했을 때, 노란 기차가 들어오면서 마을에는 비극의 씨앗이 뿌려진다. 기차로 인해 외지인들이 대거 유입되고, 그러면서 바나나 학살 사건 같은 비극적 사건이 일어나고, 이어 파업으로 희생된 노동자 3,000명이 바다에 버려지러 기차에 실려 나간다. 이후 기나긴 폭우와 가뭄이 이어진 뒤 마콘도는 깊은 고독에 휩싸인다.

시작된 날.

— 아마란타가 레메디오스를 독살한 날.

— 바나나 학살 사건이 일어난 날.

토요일

— 아우렐리아노 세군도가 먹성 좋은 여자와 먹기 대결을 펼친 날.

— 마콘도에 온 외국인들이 무도회를 벌인 날.

일요일

— 아우렐리아노 부엔디아 대령과 레메디오스가 결혼한 날.

— 레베카가 부모의 뼈가 든 자루를 들고 마콘도에 나타난 날.

— 자유파와 보수파 사이의 투표일.

— 바나나 농장 노무자들이 휴식을 요구한 날.

가보의 소설에서 시간은 아무 의미가 없다. 그의 시간은, 뒤집는 순간 새로운 출발을 의미하는 모래 시계로서의 기능만 할 뿐이다. 마콘도는 시간이 포함된 공간이다. 하지만 시간이 뒤죽박죽되어 사실상 아무런 의미를 갖지 못하는 과거의 공간이다. 이것은 그의 소설 세계를 관통하는 공통점이다.

시간이 아무런 의미가 없기에 『백 년의 고독』에서는 가장 중요한 사건인 바나나 학살 사건조차 날짜나 시간이 아닌 요일로 단순하게 제시된다. 요일은 계속 반복되는 특성이 있기 때문에 영원회귀라는 주제와 반복의 서사를 강화하는 장치가 된다. 마콘도처럼 원시 부족 성향이 강한 마을에서 몇 월 며칠 몇 시의 개념은 지나치게 근대적인 개념이어서 작가가 과감히 생략한 것이 아닐까 한다. 그래서 6세대를 걸쳐 근친상간, 불륜, 전쟁, 집착과 같은 실패와 고난을 반복하는 이 이상한 가문의 이야기를 도돌이표처럼 영원히 읽고 싶어지는 이유도 바로 이 수미쌍관적인 서사와 나선형적 시간 개념이 한몫한다. 근친상간으로 만들어진 부엔디아가를 그리는 데는 어쩌면 이 두 가지 장치가 필수적인 요소였을 것이다. 근친상간은 외부 세계의 이입을 철저히 막기 위한 자체 교배 방식이다. 그것은 마콘도가 외부로부터 자신을 보호하기 위한 수단이었으나, 결국 자신을 파괴하게 만드는 양날의 검이 되었다. 마콘도의 주민들은 자기 보호 본능이 있는 보통의 인간들이었고, 본능에 따라 행동하다 자멸했다. 원시 부족의 충동은 서구의 이성과 합리를 당해 내지 못한다. 월화수목금토일만을 사는 인간. 거기에는 아무런 역사성이 없다. 48주 전 화요일과 72주 뒤 토요일이 되풀이된다. 96주 뒤의 수요일이 32주 전의 월요일과 아무 관련이 없다. 나비효과는 인과관계를 직접적으로 설명해 주지 못한다. 충동에 의해 하루살이처럼 사는 인간은 갑작스러운 사건 앞에 속절없이 무너진다. '사랑'이라는 지극히 인간적인 행위에서 출발한 일이 나비효과로 인해 한 부족의 멸망으로 이어지는 과정을 그들은 목도하지 못한다. 그러므로 시간성이 배제된 세계 속에 있는 인간들은 상자 속에 갇힌 것 같은 감정을 느낄 것이다. 이 같은 일이 반복되면 남는 것은 공허와 허무다. 노벨문학상 수상식 연설문을 통해 설파한 가보의 말을 빌리자면 '고독'이다. 자기 스스로 정체성을 찾지 못하고 타인의 기준과

잣대에 의해 설명되고 이해됨으로써 스스로의 자유를 속박해 버린 것, 바로 그것이 마콘도가 고독해진 이유다.

마콘도가 고독을 견디는 법

내가 여행 중에 가장 고독했던 시간은 밤에 정전이 되었을 때다. 벌써 한 달 사이에 두 번의 정전을 겪은 터라 아라카타카에서 세 번째 정전이 일어났을 때는 크게 당황하지 않았다. 시간이 마비되자 덥고 짜증이 나고 축구 생각이 났고, 점심 때 밥과 고기 반찬이 나오던 로컬 식당의 화려한 테이블보의 문양과 꽃으로 장식한 벽이 생각났다. 한 시간 안에 다시 불이 들어올 때까지 나는 어떻게든 고독해지지 않기 위해 싸워야 했다. 뭔가를 계속 생각해야 했고, 생각은 점점 집착적으로 변했다.

집착은 인간의 오래된 욕구다. 인간은 탈출하고 싶은 욕망과 동시에 스스로를 가두고 싶은 욕망을 동시에 느낀다. 정말 쓸데없어 보이지만 뭔가에 미친 듯이 파고들어 본 적이 있는가? 애착, 강박, 집착, 중독을 넘어 병이라 불릴 정도로 말이다. 남한테 선뜻 말하기 꺼려질 만한 만족감, 즉 길티 플레저 말이다.

마콘도의 인물들을 보면 역시 길티 플레저가 흘러넘친다. 그것은 단순한 즐거움과 만족감을 넘어 광적으로 보인다. 마콘도의 고독이 특이한 것은 바로 '광기', 그것에 있다.

『백 년의 고독』에서 불면증이 마을을 휩쓸었을 때만 해도 그렇다. 사람들은 길어진 시간만큼 의미 있는 무엇을 찾으려고 했지만 오히려 기억을 잃어 간다. 호세 아르카디오는 자신이 살해한 푸르덴치오 아귈라 생각에 골몰하다가 양피지 읽기에 빠지고, 우르술라는 술을 담그거나 과자 사업으로 돈 버는 일에 빠진다. 또한 아우렐리아노 부엔디아 대령이 은세공업에, 아마란타가 수의에 빠진 것도 단순한 취미 활동을 넘어선 것처럼 보인다. 이들뿐만 아니라 불면증에 잠식당한 마콘도 주민 전체가 붕어와 닭과 망아지를 먹어 치우고, 새벽 3시에 왈츠 음악을 듣고, 같은 농담을 몇 시간이고 반복한다. 이 역시 고독이 낳은 광적인 활동이다.

『백 년의 고독』에서 '마콘도'는 178회, '고독'은 48회 등장한다. 아라카타카에 대학살이 일어났다는 사실을 가보가 소설로 겨우 살려 내지 않았다면 여전히 마콘도는 고독한 채로 남아 있었을 것이다. 그만큼 고독은 마콘도와 떼려야 뗄 수 없는 단어다. 고독은 불안, 절망, 포기, 후회 등과 함께 온다. 소설의 인물들은 반복되는 행동을 통해 해소하려 한다. 뭔가를 계속 반복한다는 것, 그것은 주로 의미 없는 행동을 뜻한다. 하지만 알고 보면 우리가 학교를 가고 회사를 가고 밥을 먹는, 생존을 위한 일련의 모든 행위도 반복으로 이루어져 있다.

그렇다면 의미 있는 반복과 의미 없는 반복에는 무슨 차이가 있을까? 그저 관점의 차이가 있을 뿐이다. 아우렐리아노 부엔디아 대령의 고독이 포기와 동의어라면, 우르술라의 고독은 슬픔, 레베카의 고독은 후회, 아마란타의 고독은 반성, 나무에 묶인 호세 아르카디오 부엔디아의 고독은 공포 그 자체였다. 이들은 강박주의자처럼 각자 연금술, 청소, 섹스 혹은 사랑, 은둔 등 각자 반복되는 광적인 행동을 통해 이 고독감을 떨쳐 내려 한다.

호세 아르카디오 부엔디아의 연금술

푸르덴치오 아귈라를 살해한 뒤 마을이 와해되자 호세 아르카디오 부엔디아는 원래부터 관심을 가지고 있던 발명과 연금술에 빠진다. 그것은 정신의 붕괴를 가져왔고, 결국 그는 나무에 묶인 채 평생을 살아가게 된다.

아우렐리아노 부엔디아 대령의 황금 물고기

부엔디아가 남자들은 모두 황금 물고기의 은세공 작업에 빠진다. '황금'이라는 뜻의 라틴어 'aurum'에서 유래한 이름을 가진 아우렐리아노Aureliano들은 퇴근한 남자가 문을 닫고 온라인 게임을 하듯이 도구를 가지고 혼자 방에 들어가 은을 다듬었다. 불면증에 걸렸다 회복했을 때 그의 은세공 기술도 거의 완벽에 가깝게 발전했다.

아마란타의 수의

아마란타는 레메디오스를 살해하고, 레베카와의 결혼이 무산되면서 절망감에 빠진 피에트로 크레스피가 자살했을 때도 좀체 감정을 드러내지 않는다. 그녀는 처형받지 않은 죄인으로서 평생 감옥보다 더한 감정의 감옥에 살면서 인간의 기본 욕구를 차단당하고 만다. 그래서 그녀가 가장 사랑했던 아우렐리아노 부엔디아 대령의 시체를 발견한 다음에도 울지 못했고, 대신 대령의 시체에 옷을 갈

아입히고 면도를 해 주고 머리를 빗겨 준다. 또한 레베카가 죽기 전에 자신이 먼저 죽지 않도록 증오의 기도를 하면서 레베카의 수의를 몇 년간 짓지만 그녀의 소원은 이루어지지 않는다. 죽음을 예감한 뒤로 집에 은둔한 채 끝없이 지은 수의는 결국 그녀의 몫이 되고 만다. 그 과정에서 황금 물고기를 만들던 아우렐리아노 부엔디아 대령을 이해하고 미움에서 해방된다.

레베카의 흙

부모의 뼈가 든 자루를 들고 어느 날 갑자기 나타난 마나우레 마을의 열한 살짜리 소녀 레베카. 그녀는 호세 아르카디오 부엔디아의 친척이자 고아였는데, 손가락을 빨고 흙을 먹는 습관 탓에 건강이 좋지 않았다. 레베카는 점차 한 식구처럼 되어 건강을 회복하지만 흙 먹는 습관은 버릴 수 없었다. 그녀는 마당의 젖은 흙과 벽에서 손톱으로 긁어낸 석회를 먹고 산다. 불면증을 앓던 그녀에게 흙은 고독을 잊게 하는 유일한 '음식'이었다. 이렇게 흙, 종이, 금속 등 음식이 아닌 것을 먹는 증세를 이식증이라고 하는데, 임신 후 여성이 호르몬이 변하면서 가끔 보이는 질병이다. 레베카는 우르술라의 대체 요법 끝에 이식증이 겨우 나은 듯했으나, 첫사랑의 실패와 남편 살해에 대한 죄책감에 은둔한 후 고독이 절정에 달했을 때 다시 흙을 먹기 시작한다.

『백 년의 고독』은 인간의 폐쇄 욕구를 충족해 주는 소설이라 할 수 있다. 은둔과 유폐에 대한 욕구, 즉 자발적인 유배 생활에 우리

가보의 외할아버지가 은세공 작업을 하던 책상

가보의 외할아버지가 그랬듯이 호세 아르카디오 부엔디아, 아우렐리아노 부엔디아 대령, 호세 아르카디오 세군도로 이어지는 마콘도의 남자들은 혼자 방에 틀어박혀 은세공에 집착한다. 그들은 단순한 취미를 넘어 광기로 비칠 만큼 반복적인 행동을 통해 마을을 짓누르는 고독과 씨름한다.

가 골몰하는 까닭은 그제서야 고독이 고통이 아닌 즐거움으로 다가오기 때문이다. 가보는 은둔하는 자에 대해 가장 탁월하게 묘사한 작가 중 하나다.* 은둔하는 사람들을 비참하게 묘사하기보다는 코믹하게 묘사하면서 우리 인간은 대부분 은둔하면서 죽어 간다는 사실을 알려 준다. 마치 가죽이 생명을 잃으면서 안으로 조금씩 말려 들어 가듯이 쭈그러든 우르술라처럼 매우 자연스러운 죽음의 현상인 것이다.

또 다른 마콘도, 몸포스

산크루즈데몸포스(이하 몸포스)는 가보의 아내 메르세데스가 어릴 때 1년간 수학한 프란체스코수녀회 소속의 성심학교가 있는 곳이다(그녀는 비극적인 사건의 주인공 마르가리타 치카 살라스**와 한방을 쓰면서 생활했다). 메르세데스가 메데인에서 돌아왔을 때, 가보와 함께 어울려 놀던 곳이기도 하다.

몸포스는 내륙 깊숙이 자리하고 있기 때문에 그 끔찍한 버스를 다시 탈 생각을 하니 포기하고 싶은 생각이 절로 들었다. 게다가 출발지인 카르타헤나에서 바로 바랑키야로 가는 편이 훨씬 쉬웠기 때

---

* 양피지, 은세공, 수의 등에 집착하는 『백 년의 고독』의 인물들뿐만 아니라, 다른 작품에서도 인물들은 폐관수련閉關修鍊을 거듭한다. 『썩은 잎』의 의사는 17년간 집 밖을 나오지 않고, 『족장의 가을』의 족장은 불신감 때문에 자물쇠에 집착한다.

** 159쪽 참조.

문에 단지 하루 이틀만 묵고 가기에는 부담감이 너무 컸다. 그럼에도 고집스럽게 그 오지의 마을을 가게 된 것은 여행 책에 '아라카타카보다 더 마콘도스러운 곳'이라고 소개되어 있었기 때문이다.

나는 새벽 5시에 일어나서 6시에 택시를 탔다. 20밀페소로 시내까지 거리의 딱 두 배 되는 거리에 터미널이 있었다. 칠레, 아르헨티나와 마찬가지로 카르타헤나터미널에서도 버스표를 구매할 때 여권을 요구한다. 몸포스행 버스는 표 값이 싼 대신 안전벨트도 없고 좌석이 엄청 좁다. 우니트란스코unitransco 버스는 천식 환자가 기침하듯이 미친 듯이 쿨렁대며 비포장도로 위를 달린다. 서서히 잠을 청했지만 버스가 너무 덜컹거려 몇 번이나 욕지기를 했다. 나는 오토바이에 아이 둘, 어른 둘은 기본으로 타고 다니는 바깥 풍경을 구경했다. 버스 노상강도를 만날까 봐 복대를 어루만졌다. 유토피아보다 디스토피아가 기다리는 것은 아닐까 하는 생각이 들었다.

하지만 여섯 시간 만에 도착한 몸포스의 분위기는 가히 환상적이었다. '그래, 이 정도면 비닐 세 봉지에 나누어 담을 만큼 신명 나게 구토한다고 해도 올 만해'라고 생각할 정도였다. 몸포스 하면 떠오르는 것이 몸포스강이다. 이 강은 마그달레나와 볼리바르 지역으로 나뉘는 경계를 따라 흐른다. 초등학교 자연 시간에 해부나 하면서 만져 본 부레옥잠과 나뭇잎 더미가 황톳빛 강 위를 둥둥 떠다녔다. 숙소에 가기 전에 강 옆의 레스토랑에 짐을 잠시 내려놓고 점심을 허겁지겁 먹는데 들개가 탐을 냈다. 엄청나게 비쩍 말라서 고기 한 조각을 안 주려야 안 줄 수가 없었다. 팔뚝만 한 이구아나와 도마뱀이 강 주변을 마구 돌아다니며 흙탕물을 만들었다. 처음에는 신

또 다른 마콘도 몸포스
콜롬비아 북부 볼리비아주에 위치한 몸포스는 '아라카타카보다도 더 마콘도스러운 곳'으로
알려져 있다. 유유히 흐르는 몸포스강, 한적한 마을 분위기, 강 주변을 돌아다니며 흙탕물을
만드는 이구아나들, 식민지 시대에 지어진 가옥들, 거의 대부분 맨발로 다니는 사람들, 망고
서리를 하는 아이들을 보면 이곳이야말로 마콘도의 실제 모습에 가깝다는 생각이 들 것이다.

기해서 사진을 계속 찍었지만 나중에는 동네에 돌아다니는 들개처럼 보일 정도로 이구아나가 많이 보였다.

나는 여행 이후 처음으로 마음이 편했다. 여행지에 도착하면 어디를 들르고 다음 숙소를 예약하고 무엇을 보고 기록할 것인가가 늘 고민이었다. 하지만 유유히 흐르는 몸포스강을 바라보니 모든 고민이 사라져 버렸다.

식민지풍 가옥들이 보존되어 있는 몸포스는 완전히 한적한 시골 마을 느낌을 준다. 기본적으로 400~500년은 된 집들이 대부분으로, 천장이 일반 집의 두 배 수준으로 높다. 집집마다 문을 다 열어 놓고 다녀서 현관에서 문 안쪽의 거실까지 훤히 다 보였다. 넓고 고풍스러운 아치식 문 아래로 여유를 상징하는 흔들의자가 집집 거실마다 놓여 있다. 가끔 창문에 철 창살을 끼워 둔 집도 있지만, 대부분은 덧유리창도 없다. 이곳에서 폭삭 망하기 좋은 장사로는 보안시스템 회사와 함께 바로 양말이나 신발 장사일 것이다. 사람들이 신발을 잘 안 신고 다닌다. 신발이라야 그냥 슬리퍼 정도인데 그나마도 잘 찾기 힘들다. 당연히 양말 신은 사람도 찾기 어렵다. 몸포스 아이들한테 양말은 최악의 크리스마스 선물일 것이다.

몸포스에서는 천장이 낮은 집을 찾기가 거의 힘들다. 게다가 그 높은 천장 위에는 자동차 창문 정도 크기의 창이 있다. 아침에 햇살이 쏟아져 내리는데, 이런 햇살을 맞으면 늘 마음이 설렌다.

밤이 되니 갑자기 비가 왔다. 지붕 위로 빗소리가 무척 크게 들렸다. 잠이 들자마자 데이비드 린치 감독이 만든 듯한 복잡한 꿈을 꾸었다. 길게 이동한 날은 늘 이런 꿈을 꾸게 된다. 몸이 찌뿌둥한 채 일어난 나는 주변이 여전히 캄캄한 것을 느꼈다. 전기회사에서 대규모 공사를 하느라 볼리바르주 전체가 정전이 된 것이다. 너무 힘들고 더워서 집 안에 있을 수 없었다. 나는 무작정 밖에 나가서 몸포스강 주변을 걸어 다녔다.

우리나라 아이들이 수박 서리를 하듯이 콜롬비아 아이들은 망고 서리를 한다. 가보 역시 어린 시절 망고를 훔치다 대부한테 걸려서 혼쭐이 난 적이 있었다. 마치 가보를 연상시키듯 몸포스강 앞에도 나무에 올라가 망고를 따는 아이들이 보였다. 아이들은 길쭉길쭉한 팔다리와 맨발을 이용해 망고나무 꼭대기까지 마치 닌자처럼 올라갔다. 그들은 많이 해 본 듯 나무를 적절하게 털어 잘 익은 망고들만 바닥에 떨어뜨렸다. 그리고 칼도 없이 오로지 앞니만을 사용해서 망고를 까먹기 시작했다.

그 나무 앞집에는 이구아나 할머니가 살고 있었다. 할머니가 몸포스강과 집 사이를 가로막고 있는 벽을 플라스틱 광주리로 '톡톡' 치면 이구아나들이 '쉭쉭' 대며 하나둘 몰려온다. 그러면 할머니가 남은 음식을 던져 주고, 더 많은 이구아나들이 몰려온다. 그렇게 열 마리 가까이가 담장 아래에 모였다. 어떤 것은 나무 위에서 보호색으로 몸을 숨기고 있었는데, 그놈이 움직일 때 정말로 큰 것은 고양이가 몸을 길게 쭉 늘렸을 때만큼 커서 깜짝 놀랐다. 게다가 이구아나가 움직일 때 특유의 소리가 있는데 정말로 고양이 방울 소리가 났다.

100년 전 가보 역시 어린 시절을 바로 저렇게 살았겠구나 하는 생각이 들었다. 정말로 저런 맨발을 하고 이구아나를 잡고 강에서 헤

망고 서리를 하는 아이들

한국의 시골 아이들이 참외나 수박 서리를 하듯이 몸포스의 아이들은 망고 서리를 한다. 아이들은 닌자처럼 나무 꼭대기까지 올라가 많이 해 본 듯 잘 익은 망고들만 골라 바닥에 떨어뜨린 뒤, 앞니로만 망고를 까먹는다. 100년 전 어린 가보 역시 맨발로 다니며 강에서 헤엄치고 망고 서리를 하면서 보냈으리라.

엄을 치면서 자유롭고 평화롭게 살았을 가보의 모습이 여러 번 떠올랐다. 이런 마을이 21세기에도 존재한다는 것에 감사했고, 시간이 멈추어서 여기서 계속 살고 싶다는 생각을 했다.

오후 1시에 들어온다던 전기는 오후 4시까지도 들어오지 않았다. 숙소 사람들은 무기력하게 도미노 게임을 하면서 한숨을 푹푹 쉬었다. 오후 6시, 거의 인내심이 한계에 다다를 때쯤에야 환한 빛이 들어왔다.

몸포스에서 볼 수 있는 것

몸포스 기행에 대해 쓰면서 나는 다시 한 번 행복해졌다. 뒤늦게 생각해 보니 몸포스야말로 마콘도의 실제 모습에 가까운 유토피아라는 생각이 들었다. 매일 아침 심한 알레르기로 늘 재채기를 하며 기상하던 내가 몇 년 만에 비염이 말끔히 사라지는 기적을 맛보기도 했다. 콜롬비아를 여행한 35일 가운데, 아니 이번에 남미를 여행한 약 70일간의 여행 가운데 가장 행복한 나날이었다. '행복'이라는 단어 사용에 무척 인색한 내가 이런 말을 거리낌 없이 쓸 수 있다는 것에 놀랐다.

게다가 내가 몸포스를 좋아한 가장 큰 이유는, 빈곤 지역을 여행하는 상대적으로 부유한 여행객으로서의 특권을 느끼지 못한다는 점이다. 보통 빈곤 지역에 가면 "1달러!"를 외치면서 구걸하는 아이들이나, 몸에 혹을 잔뜩 달고 몇 년이나 감지 않았을 머리를 층계에 기대어 쪼그려 자는 노숙자를 보게 된다. 그러고 나면 나도 모르게 자선에 대한 의무감이 생긴다. 내가 기름진 음식을 먹고 있을 때 아이를 업고 안고 오는 원주민 여자들을 만나면 가끔 음식이 목에 걸릴 때도 있었다. 그들은 아마 단 한 번도 그 나라나 지역을 떠나지 못했을 사람들인데, 내가 이렇게 호위호식해도 될까 하는 생각이 늘 따라붙으면서 그들을 위해 할 수 있는 것이 무엇일까 고민하게 만들었다.

하지만 몸포스에서는 그럴 필요가 없었다. 그들은 그야말로 나보다 행복한 사람들이었다. 매일 가방 안을 뒤지며 테트리스를 하듯이 어떤 짐을 버리고 어떤 짐을 가져갈 것인가, 다음 숙소는 어디로 할지, 다음 여행지는 어디로 할지 등을 고민하지 않아도 된다. 그저 환경에 적응하면서 하루하루를 살면 그뿐이다.

몸포스에 머문 8일간 노숙자라고는 네 명밖에 보지 못했다. 이 기록은 어떤 도시나 마을을 가도 쉽게 깨지기 힘든 것이리라. 어쩌면 노숙자로 보이는 그들도 실은 집이 있는데 그저 밖에서 자고 싶어서 나와 잘 뿐인 자유로운 영혼이었을지 모른다는 의심도 든다. 콜롬비아 경제가 원활하게 돌아가는 것도 아니고 상권이 활발한 것도 아닌데, 다들 매일 나와서 놀고 있는 것이 대체 어떻게 먹고 사는지 궁금했다. 그래서 이 글을 쓰면서 다시 떠올린 몸포스가 너무도 그립다. 다시 한 번 구토를 하고 요통과 호객 행위에 시달릴지언정 그곳에 또 가고 싶다. 그때까지 누구도, 어떤 목적으로도 그 몸포스 강을, 그 늪과 망고나무를, 그 이구아나들을 영원히 더럽히지 않았으면 하는 바람이다.

저물녘의 몸포스강
몸포스강은 무척이나 더럽고 가끔 동물의 사체가 둥둥 떠내려오기도 했지만, 아이들은 그 강에서 목욕을 하거나 타이어 보트를 타면서 놀았다. 오염된 강물을 처음에는 찌푸린 눈으로 보던 여행자도 점차 맨발로 다니는 것이 익숙해지고 그 강에 깊이 잠수하게 되었다. 주어진 환경에 적응하면서 하루하루 살면 그뿐이라는 자유로운 영혼의 몸포스 사람들은 여행자보다도 더 행복해 보였다.

몸포스에서 볼 수 있는 것들은 다음과 같다.

— 맨발인 사람들.

— 고양이는 다섯 마리 미만.

— 노숙자 네 명.

— 비쩍 마른 개.

— 망고나무 터는 아이들.

— 마을 지붕에 앉아 있다가 몸포스강에 떠내려가는 돼지 시체
   를 파먹는 독수리들.

— 몸포스강에서 목욕하는 사람들.

— 하루 종일 태평하게 흔들의자에 앉아 있는 사람들.

— 노인보다 많은 어린아이들.

— 카레라 2번가에 모인 호스텔과 호텔, 호스페다예.

— 호텔 한가운데에서 자라고 있는 500년 된 나무.

— 어디서나 들리는 흥겨운 음악 소리.

— 음악에 맞추어 춤추는 사람들.

나는 몸포스가 몸포스의 방식대로 살아가고, 그 모습 그대로 이
해받고, 갈수록 더 자유로워지기를 바란다. 만일 몸포스 같은 마을
에 100년 전 바나나 농장 마을의 학살과 같은 일이 일어나 그들이
더 이상 이처럼 자유롭게 살지 못한다면 나는 너무 슬퍼서 펑펑 울
것 같다. 그 앙증맞고 초롱초롱한 눈빛들을 다시 볼 수 없다고 생각
하면 말이다.

『백 년의 고독』의 부엔디아 가문

『백 년의 고독』은 마콘도의 부엔디아가에서 6대에 걸쳐 일어나는 전쟁과 죽음, 고독과 공포에 관한 대서사시다. 1대 호세 아르카디오 부엔디아와 우르술라 이과란은 호전적인 호세 아르카디오, 마콘도의 리더가 된 아우렐리아노 부엔디아 대령, 악의 화신 아마란타와 외부에서 데려온 고독의 상징 레베카를 키운다. 2대 이후로 자손들은 마치 동종 교배를 하듯이 자신들과 성격도, 이름도 똑닮은 자손들을 계속 낳는다. 외부 세계의 침입에 저항하듯이 근친상간을 거듭한 부엔디아가는 양피지에 적힌 멜키아데스의 예언대로 돼지 꼬리 달린 6대손 아우렐리아노를 낳으며 파국을 맞이한다.

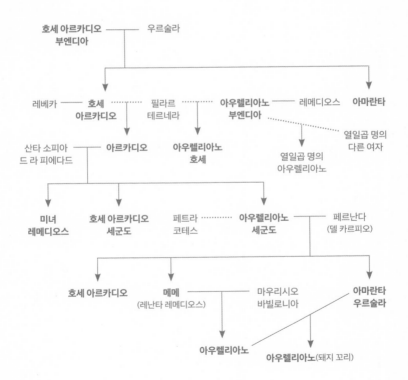

고독한 죽음의 연대기

"내가 수용하는 것은 죽음이 아니라 삶이다. 나는 죽음이 덫이자 우리를
무조건적으로 사로잡는 배신이라 생각한다."

"그것을 어떻게 피할 수 있는가?"

"많이 쓰는 것이다. Escriber mucho."

— 저스틴 웹스터, 다큐멘터리 〈가보: 가브리엘 가르시아 마르케스의 창조〉 중

세상에서 가장 멋진 시체

여행의 키워드는 흔히 오해하는 것처럼 낭만, 휴식, 모험, 맛있는 음식, 우연한 만남, 사랑, 새로운 시작, 인생에서 다시 없을 추억 따위가 아니라 재난, 사건, 사고, 죽음이다. 여행이란 무엇인가? 여행은 당신의 교육비, 생활비, 의료비 등을 식비, 숙박비, 교통비, 박물관 입장료로 바꿔치기하는 고비용 저효율 활동이다.

돌아보면 나의 모든 극단적인 경험은 전부 여행 중에 일어났다. 생각해 보라. 대체 언제 도난 신고서를 작성했는지, 외장 하드나 카메라가 언제 고장 나거나 메모리가 몽땅 사라져 버렸는지, 고산병에 시달려 머리가 두 동강이 나는 고통을 겪으면서도 침대에 누워서 남은 예산을 계산하고 있었는지, 언제 모르는 사람에게 미행을 당했는지, 언제 가족에게 울면서 전화해 돈을 부쳐 달라고 징징댔는지, 언제 친구와 남남이 되었는지. 모두 여행이 아니었다면 겪지 않아도 될 머저리 같은 경험이다.

나는 굳이 여행을 아름답게 포장하지 않겠다. 이 글을 쓰는 지금도, 앞으로도 나는 계속 외국에 있을 예정이며, 그렇기에 내 죽음은 객사가 될 예정이며, 해질 녘이 되면 죽음이 한 치 다가왔다는 생각에 우울해진다. '나는 어떤 죽음을 맞이하고 싶은가?' 이것은 상당히 점잖은 질문이다. 사실은 이렇게 질문하고 싶었다. '나는 어떤 시체로 발견되고 싶은가?'

이왕이면 나는 세상에서 가장 멋진 시체이고 싶다. 그러려면 교살은 안 된다. 왜냐하면 목을 매어 죽게 되면 혓바닥이 길게 늘어지기 때문이다. 과다 출혈이나 자반이 온몸에 크게 일어나는 자상이 있어서도 안 된다. 교통사고처럼 신체 소실 가능성이 큰 사고로 인한 죽음도 안 된다. 가능하면 지난 삶에 만족했음을 뜻하는 미소를 지닌 채 일자로 길게 누워서 아무런 신체의 변형 없이 가고 싶다. 많은 사람들의 상상을 자극하는, 사연이 있어 보이는 시체이고 싶다.

가보는 「물에 빠져 죽은 이 세상에서 가장 멋진 남자」라는 단편 소설에서 죽음에 대한 뭇 사람들의 그로테스크한 상상을 마술적 리얼리즘으로 채운 바 있다. 이 소설은 표류하다 물에 빠져 죽은 신원 불명의 사람의 시체에 마을의 여자들이 홀딱 빠져 가장 화려한 장례식을 치르게 되었다는 단순한 내용을 담고 있다. 마을의 아낙들은 바다 냄새가 풍기는 잘생긴 남자의 익사체를 눕히고 그의 바지와 셔츠를 만들어 주고 이 남자가 한때 화려한 집에서 아내와 행복하게 살면서 최고의 명예와 권위를 누렸으리라 상상하면서 영원한 그의 미로에 갇힌다.

나는 가보만의 이 전 지구적 상상력이 모든 것을 구원한다고 생

죽음조차 익살스럽게 묘사한 가보

가보는 「물에 빠져 죽은 이 세상에서 가장 멋진 남자」라는 단편소설에서 해안가에 둥둥 떠내려온 신원 불명의 익사체조차 그만의 전 지구적 상상력으로 재미나게 묘사함으로써 과연 익살의 대가이자 남미의 마크 트웨인이라 불리기에 손색없는 면모를 보여 주었다.

각했다. 시체에 대한 여자들의 얼토당토않은 상상이 너무 재밌고, 누가 과연 해안가에 떠내려온 시체를 이토록 재미나게 묘사할 수 있을까 감탄했다. 이처럼 그의 단편소설은 심각하지 않지만 곱씹을수록 심오하며, 하나하나 다 받아 적고 싶어진다. 이런 익사체라면 나도 마다하지 않을 예정이다.

백 년의 고독사

일반적인 죽음의 유형을 자연사, 병사, 사고사, 자살, 타살 등 다섯 가지로 분류해 보자. 대부분의 사람들은 자연사를 꿈꾸지만 요즘 같은 백세 시대에 병사가 아닌 자연사는 흔하지 않으며, 그야말로 텔로미어의 수명이 다하여 죽는 자연사라 할지라도 대부분은 병사로 이어진다. 사고사에는 불의의 대형 재난, 아사, 복상사, 익사, 실족사, 교통사고, 수술 중 사망, 전기 감전, 구타로 인한 사망, 전쟁 중 사망, 방사능 피폭 트라우마 등이 있다. 자살과 타살에는 의도와 방법은 다르나 전통적 화형, 교수형 혹은 교살, 약물, 전기 충격, 자상, 출혈 등 다양한 방법이 있을 수 있다. 이처럼 다양한 죽음 가운데 『백 년의 고독』에서 가장 자주 볼 수 있는 죽음의 방식은 바로 고독사다. 고독사는 자살도 타살도 아닌 애매한 죽음이다. 우리는 고독사를 선택할 수도 있지만 고독사의 선택을 받을 수도 있다. 가보의 인물들, 특히 『백 년의 고독』에 나오는 인물들 대부분은 고독사한다. 남자들은 대부분 외부 세계에서, 여자들은 내부 세계에서 외롭게 죽어 간다. 『백 년의 고독사』로 제목을 바꾸어도 좋을 만큼. 『백 년의 고독』에 묘사된 죽음을 나열하면 이러하다.

멜키아데스
그는 영생의 비결을 알아냈지만 말년에 사람들로부터 쓸모없는 늙은이 취급을 받다가 서서히 잊힌다. 싱가포르의 모래언덕에서 열병에 걸려 죽고, 그의 시체는 자바해 가장 깊은 곳에 수장된다.

우르술라의 숙모와 호세 아르카디오 부엔디아의 삼촌이 결혼해서 낳은 아들
이름조차 등장하지 않는 그는 돼지 꼬리가 부끄러워 평생 동정을 지켰으나, 그것을 억지로 자르는 바람에 과다 출혈로 사망했고, 이것은 우르술라에게 평생 근친상간에 대한 공포를 심어 주었다.

푸르덴치오 아길라
호세 아르카디오 부엔디아를 조롱한 대가로 그에게 살해당한다.

레메디오스
피에트로 크레스피와 결혼을 앞둔 레베카에 대해 질투한 아마란타가 독약 커피를 탔으나 레메디오스가 잘못 마시는 바람에 죽는다. 그녀의 죽음을 애도하기 위해 우르술라는 문을 다 닫고 1년간 아무도 큰 소리로 이야기하지 못하게 하고, 시체가 누웠던 자리에 은판사진과 석유 등잔을 놓고 아무도 꺼뜨리지 못하게 한다.

〈아르카디아인〉

『백 년의 고독』에서 부엔디아 가문 최초의 인간인 호세 아르카디오 부엔디아의 가운데 이름
은, 동양의 무릉도원에 비견되는 서구의 이상향인 '아르카디아'에서 연원한다. 그리하여 그 이
름은 이 가문 대대로 이어지지만, 그 이름을 가진 이들은 대부분 고독사한다. 이 그림은 천혜
의 자연 그대로의 삶을 사는 낙원인 아르카디아를 묘사한 것으로, 1834년 미국 화가인 토머
스 콜이 그린 것이다.

피에트로 크레스피

레베카와의 결혼이 실패한 뒤 장난감 가게의 불을 켜고 음악 상자를 모두 열고 시계를 모두 울리게 한 뒤 면도날로 동맥을 끊고 안식향 대야에 손을 담근 채 뒷방 책상에 엎드려 자살한다.

아르카디오

새벽에 약식 군사재판이 열린 뒤 공동묘지의 담벼락 앞에서 총살을 당한다.

호세 아르카디오

충동적이고 강한 성격의 그는 여동생 레베카와 근친상간을 하고 동거했으나 레베카의 권총에 피살당한다. 살해 동기가 밝혀지지 않은 마콘도의 유일한 미제 사건이다. 특히 그의 피가 흘러 우르술라의 부엌에 이르는 장면 묘사가 압권이다. 그의 피는 집 안을 가로질러 거리로 나가 모퉁이를 여러 개 돌아 요리를 하려고 하는 우르술라에게 죽음을 알리는 전령처럼 당도한다. 가보가 죽음을 묘사하는 방식은 지나치리만큼 자세하고 생생하다. 인물에 대한 감정이입을 배제한 장식적인 묘사가 사건의 비극성과 대비되면서 실소를 자아내게 한다(만일 마술적 리얼리즘이 대체 무엇인지 알고 싶다면 이 장면을 반드시 찾아 보기 바란다).

왜 가보는 전쟁을 일으키거나 마콘도를 호령한 인물도 아닌, 어찌 보면 조연급의 인물인 호세 아르카디오의 죽음을 그토록 길게 묘사했을까? 그의 피는 우르술라와 아마란타 등 부엔디아가에 경고라도 하는 것처럼 긴 메시지를 그리며 집 안을 휘젓는다. 그의 죽음은 근친상간에 대한 처벌이자 앞으로 다가올 또 다른 근친상간에 대한 경고다. 단방에 죽어 고통과의 인연을 끊은 그와 반대로 살아남은 레베카는 흙 먹는 행위를 통해 평생 속죄하며 살아간다. 총성이 울렸을 때 레베카의 영혼은 호세 아르카디오와 함께 죽었고 남은 것은 거죽뿐이다.

호세 아르카디오 부엔디아

가문 최초의 인간. 우르술라의 남편이자 부엔디아가의 첫 번째 남자 주인공이기도 한 그는 아르카디아Arcadia(고대 그리스 펠로폰네소스 반도 내륙의 이상향)의 이름의 어원을 따르듯 멜키아데스의 죽음 후 세공과 연금술과 허황한 발명에 미쳐 살다가 죽는다. 푸르덴치오 아귈라를 살해한 죄책감에 시달리던 그는 급기야 밤나무에 50년간 묶여 살다가 그 밑에서 죽고, 이후에도 유령이 되어 집안을 떠돌아다닌다.

비지타시옹

불면증을 피해 오빠와 함께 마콘도로 도망 온 구아히로 원주민이자 호세 아르카디오의 보모. 왕의 자리까지 버린 덕택에 평화로운 자연사를 맞이한다. 『백 년의 고독』 속에서 거의 유일한 자연사에 해당한다.

아우렐리아노 호세

고모 아마란타와 근친상간을 하는 인물. 필라르 테르네라의 카드 상에서 그는 스무 살 처녀인 카르멜리타 몬티엘과의 사이에서 일곱 명의 아이를 낳고 그 여인 품에서 죽기로 되어 있었다. 하지만 에스파냐 극장에 갔다가 반대파인 아킬레스 리카르도 대위의 수색을 거부하자 그의 총탄을 맞고 죽는다.

미녀 레메디오스에게 거절당한 남자들

미녀 레메디오스에게 거절당하고 미쳐 버린 뒤 그녀의 방 창문 아래에서 시체로 발견된 젊은 장교, 그녀의 얼굴을 보고 비참함과 허탈감의 수렁에 빠져 몇 년간 고생을 한 끝에 어느 날 기찻길에서 깜빡 잠들어 기차에 치여 갈기갈기 찢겨 죽은 남자, 그녀가 목욕하는 것을 훔쳐보다 기왓장이 무너지면서 목욕탕 시멘트 바닥으로 떨어져 그 자리에서 죽어 버린 남자, 그녀의 젖가슴을 만지고 그것을 자랑처럼 떠들다가 터키인 거리에서 말발굽에 가슴이 차여 자기가 토해 낸 토사물에 범벅이 된 채 사람들이 보는 앞에서 죽은 남자 등이 있다.

미녀 레메디오스의 승천

가장 이상한 죽음, 아니 소실이라고 보는 것이 좋겠다. 소설 전반에서 성경의 흔적을 많이 찾을 수 있는데, 미녀 레메디오스가 승천한 것이 대표적인 예다. 그녀는 어느 날 갑자기 온몸이 창백해져 공중으로 떠오르더니 오후 4시에 하늘로 사라져 버린다.

죽음을 상징하는 노랑나비 떼의 형상

『백 년의 고독』에서 노란색은 죽음을 상징하는데, 특히 가문 최초의 인간인 호세 아르카디오 부엔디아가 죽었을 때 소리 없이 밤새 내려 바깥에서 잠자던 짐승들을 질식케 한 노란 꽃비의 이미지는 작품 후반부에서 집시 남자 마우리시오 바빌로니아를 늘 따라다니던 노랑나비와 이어지면서 가장 아름답고 환상적인 장면으로 남았다.

열일곱 명의 아우렐리아노들의 떼죽음

악당들에게 토끼처럼 쫓기며 사냥을 당하는 아우렐리아노 부엔디아 대령의 아들들. 저녁 7시에 어머니와 집을 나오던 트리스테(철도를 마콘도에 가져온 인물)는 장총에 이마를 맞고, 얼음 사업가인 센테노는 공장의 그물 침대 위에서 얼음 찍는 꼬챙이가 박힌 채 시체로 발견된다. 세라도는 영화를 구경하고 집으로 가다가 권총에 맞은 뒤 납이 펄펄 끓는 가마솥에 빠져 죽고, 아르카야는 형제들이 죽어 간다는 소식을 듣고 침대에서 뛰쳐나가 문을 열자마자 총에 두개골이 맞아 날아가 버린다. 결국 남은 사람은 검은 피부와 초록 눈을 가진 대령의 첫 아들 아우렐리아노 아마도르뿐이었는데, 그는 악당을 피해 산으로 도망친 이후로 소식이 끊긴다. 그는 도망자로 근근이 살다가 경찰관의 총 두 발에 이마를 맞고 죽는다.

아우렐리아노 부엔디아 대령

우르술라의 가장 아픈 손가락이자 『백 년의 고독』의 실질적인 남자 주인공. 군사재판으로 죽을 고비를 넘겼지만, 정부군과의 휴전 및 항복 동의서에 서명한 뒤 권총 자살을 시도한다. 그러나 '주인공은 절대 죽지 않는다'는 소설의 전통에 걸맞게 불사조처럼 살아난다. 소설의 3분의 2 지점인 14장에서 그는 아버지 호세 아르카디오 부엔디아와 마찬가지로 밤나무 밑에서 원인 불명으로 죽은 채 산타 소피아 드 라 피에다드에게 발견된다. 그의 죽음은 앞에 나온 호세 아르카디오 부엔디아나 호세 아르카디오에 비하면 굉장히 석연치 않다. 사고사인지 자연사인지조차 불명확하고, 다른 주요 인물처럼 몇 단락을 할애한 장례식 묘사도 거의 없다. 그야말로 고독사인 셈이다.

사실 그의 죽음은 이보다 훨씬 전, 그가 항복 동의서에 서명한 뒤 급격히 고독을 느끼고 은둔하여 황금 물고기를 만들면서 시작되었다. 권총 자살처럼 간단하게 끝나지 않고 삶과 함께한 죽음이라는 점, 죽음과 동시에 살고 있었다는 점에서 그는 마콘도에서 가장 고독하게 죽은 사람이다.

호세 아르카디오 세군도

우르술라의 증손자로, 쌍둥이 중 형이다. 충동적이고 반항적인 성격의 그는 소설 후반부의 실질적 주인공이다. 어린 시절 게리넬도 마르케스 대령을 따라 범죄자를 공개 처형하는 광경을 보러 갔다가 사형수의 미소를 목격한 이후로 전쟁을 반대한다. 바나나 농장 인부를 선동해 파업을 일으켰다가 학살에서 겨우 살아남는다. 하지만 그 후 고독에 빠져 자신의 할아버지, 증조할아버지처럼 양피지 원고를 읽는 데 몰두한다. 호세 아르카디오 부엔디아의 말년이 그러했듯이 미친 사람으로 오해받던 그는 양피지 원고 위에 쓰러져 눈뜬 채 죽는다. 죽음 뒤에도 순탄하지 않아서 취객들의 실수로 쌍둥이 동생과 관이 바뀐다. 어쩌면 잘된 일인데, 그 이유는 유년 시절에 그들의 이름이 서로 바뀌었기 때문이다.

아우렐리아노 세군도

호세 아르카디오 세군도의 쌍둥이 동생. 강철 게들에게 목구멍을

갉아먹히는 만큼 아픈 후두암에 시달리다 죽는다.

호세 아르카디오

그가 돌보던 나이 많은 네 아이들과 함께 샴페인으로 목욕을 하던 욕조에서 그 아이들에 의해 머리가 처박혀 익사당하고, 그를 순식간에 부자로 만들어 준 금화를 아이들에게 강탈당하고 만다.

산타 소피아 드 라 피에다드

독재자 아르카디오의 부인으로 미녀 레메디오스와 쌍둥이 세군도 형제를 낳는다. 말년을 리오아차의 질녀와 보내기 위해 가출하고, 죽음은 밝혀진 바 없다.

필라르 테르네라

예언가이자 갈보. 호세 아르카디오와 아우렐리아노 부엔디아 대령 사이에서 양다리를 걸친 점쟁이 여인. 그녀는 이미 백마흔 살이 훌쩍 넘어갈 때까지 살면서 자손들에게 영원히 반복되는 역사를 전해 주고 등나무 흔들의자에서 숨을 거둔다.

돼지 꼬리 달린 아기

가문 최후의 인간. 멜키아데스가 양피지에 남긴 예언을 실현하듯이 죽어서 개미 소굴에 끌려간다.

마콘도와 가보의 엇갈린 최후

가보의 소설에는 어이없는 죽음이 끊임없이 등장하지만 그중 최고봉은 이웃 3,000명과 함께 영문도 모른채 처형되어 바닷속에 먹이로 던져지는 일이 아닐까? 『백 년의 고독』은 바로 이런 어이없는 죽음에 대한 의문에서 시작된다. 군인 3,000명이 파업에 나선 노무자를 쏘아 기차에 실어 바다에 버렸다는 외할아버지의 이야기는 가비토의 마음을 뒤흔들었고, 『백 년의 고독』을 탈고할 때까지 그 생각을 멈출 수 없었으며, 결국에는 그의 평생을 지배했다.

시에나가의 바나나 농장 노무자들의 요구 사항은 별것 없었다. 일요일에는 일을 시키지 말라, 의료 시설을 개선하라, 막사에 화장실을 지어 달라는 것이었다. 미국에 근거지를 둔 유나이티드프루트컴퍼니는 노무자들에게 돈 대신 회사 구매소에서 버니지아 햄을 살 수 있는 배급표를 주었고, 노무자들은 비좁은 막사에 살면서 화장실 대신 50개의 휴대용 변기를 배급받았다.

호세 아르카디오 세군도는 회사의 비리를 폭로한 대가로 감옥에 간다. 바나나 회사의 관리자는 책임을 회피하고, 법정까지 간 사안은 더욱 해괴하게 돌아간다. 법률가들의 도움을 받은 바나나 회사는 농장에 상근 직원이 없었다는 거짓으로 일관하고, 이는 대규모 파업으로 이어진다. 이로 인해 120량짜리 기차가 운영을 멈추고 노무자들이 일자리를 잃는다. 이에서 끝나지 않고 계엄령이 선포되어 군대 세 개 연대가 마콘도를 점령한다. 군인들이 바나나를 싣고 수송을 시작하자 노무자들은 기차의 진로를 방해하고 일은 내전으로

가보의 장례식 모습

2014년, 가보는 여든일곱 살의 나이로 멕시코시티의 한 병원에서 세상을 떠났다. 그의 작품 속
인물들이 대부분 어이없는 죽음을 맞이한 것과는 달리, 그는 생전에 바라던 대로 가족과 지
인들에 둘러싸여 명예로운 죽음을 맞이했다. 전 세계가 애도하는 가운데 그의 장례식이 치러
지던 날, 멕시코시티와 고향 아라카타카는 노란색의 물결로 가득 찼다.

번진다. 마침내 도의 행정 지도자들과 군 지휘관들이 금요일에 도착해 포고령을 선포한다. 아무것도 모르는 민중은 바나나 농장에 모여 있다가 파업을 한 노무자로 낙인찍히고 대위의 사격 명령과 동시에 대학살의 희생양이 된다.

바다에 버려질 3,000명의 시체가 실린 기차 안에서 운 좋게 살아남은 호세 아르카디오 세군도는 마콘도로 달려가 주민들에게 이 사실을 알린다. 하지만 길거리에 학살의 흔적은 남아 있지 않고 모두 그의 말을 잠꼬대로 여긴다. 바나나 회사는 조합과 합의서에 서명하고 군부는 학살 사실을 은폐한다. 이로써 마콘도는 진실이 규명되지 못한 채 영원히 행복한 마을이라는 틀에 갇혀 버린다.

세 달간 가물던 마콘도에 폭우가 내리고, 비는 4년 11개월 이틀 동안 계속된다. 이와 함께 집단 불면증이 시작되면서 마콘도 주민들은 폭우보다 더 지겨운 권태와 싸우며 서서히 파괴되는 마을을 본다. 마콘도에서 줄곧 유지되던 분주한 축제 분위기는 점차 꺾인다. 『백 년의 고독』의 후반부에 나오는 이 장은 읽기에 가장 고통스럽다. 이것이 펄펄 끓는 얼음이나 나는 양탄자처럼 『천일야화』에 등장할 법한 환상이 아니라 역사적 사실이라서 더욱 그러하다. 단 한 줄도 실화가 아닌 책을 쓴 적이 없다고 했던 가보의 말은, 손바닥으로 가려지지 않을 빤한 거짓말에 대한 그의 전쟁 선포처럼 들린다.

그렇다면 가보의 최후는 과연 어떠했을까? 30년 넘게 하루 네 갑씩 피우던 담배로 인한 폐암이었을까? 아니면 복상사였을까, 아니면 젊은 시절 그의 예언대로 객사나 자살이었을까? 1999년, 그는 림프암을 선고받고 미국 로스앤젤레스 병원에서 항암 치료를 받았으나 재발했다. 2000년, 페루 일간지 「라 레푸블리카」에 그의 사망 오보가 나기도 했으나, 그는 인간관계를 모두 끊고 집필에 집중했다. 그리하여 2002년에 『이야기하기 위해 살다』라는 세 권 짜리 예정의 자서전 중 1권을 출간했다. 이어 2004년에 『내 슬픈 창녀들의 추억』을 내고 2009년에 「엘티엠포」에 자신의 문학적 생명이 끝났다고 선언했다. 이후 어린 시절 수많은 시를 줄줄 외우던 암기왕이 치매에 걸렸다는 사실이 알려졌다.

2014년 3월 6일, 여든일곱 살 생일에 가르시아 마르케스는 집 앞에 나와 생일 축하 노래를 불렀다. 이후 멕시코시티의 한 병원에 입원한 그는 폐렴과 요로계 감염을 앓다가 결국 4월 17일 성목요일에 사망했다. 생전에 바라던 대로 지인과 가족들에게 둘러싸여 침대에서 마지막을 보냈으니 그의 생에 걸맞은 명예로운 죽음이었다. 며칠 뒤인 4월 22일, 콜롬비아와 멕시코 대통령이 참석한 가운데 멕시코예술전당과 고향인 아라카타카에서 그를 보내는 성대한 장례식이 치러졌다. 그가 노벨문학상을 수상하고 금의환향했을 때와 마찬가지로 수많은 고향 사람들이 그가 탄 기차역 앞에 나와 손을 흔들었다. 그리고 그가 마침내 영원히 고향으로 돌아왔을 때 아라카타카에는 『백 년의 고독』에 등장하는 노란 꽃과 노랑나비를 연상시키는 노란색의 물결로 가득 찼다. 가보는 분명 그 자리에 유령으로 참석해 사람들에게 손을 흔들어 화답하고 있었을 것이다.

04

GABRIEL GARCÍA MÁRQUEZ

51년 9개월 4일의 사랑

부엔디에가의 여자들

우르술라

'주인공은 죽지 않는다'는 절대 법칙에 따르면, 『백 년의 고독』의 주인은 6대에 걸친 남성들이 아니라 우르술라가 차지해야 할 것이다. 우르술라는 남편 호세 아르카디오 부엔디아부터 아들 아우렐리아노 부엔디아 대령 등 주요 남자 인물들의 죽음을 지켜본 뒤 소설 막판에 가서 생을 달리한다.

우르술라는 호세 아르카디오 부엔디아와의 근친상간을 피하기 위해 일부러 그와의 잠자리를 거부한다. 그러면서 오해가 쌓이고, 이는 남편이 푸르덴치오 아귈라를 살해하는 데 간접적으로 영향을 끼친다. 그녀는 연금술에 빠진 남편에게 잔소리하기도 하지만, 남편과 아들의 죽음을 예감하고 나서는 성모 마리아처럼 누구보다 진한 눈물을 흘린다.

남자들이 전쟁과 연금술과 은세공술에 대해 골몰하며 쳇바퀴를

굴릴 동안, 우르술라는 끊임없이 청소를 하면서 집 안을 가꾼다. 아이들의 분가를 위해 집을 증축하고, 손님 방과 식당, 정원, 현관 등을 정리하며, 마당의 밤나무 밑에 화장실을 짓고, 뒤뜰에 닭장과 마구간을 짓는다. 카리브해의 보수적인 정서상 아직 남자의 그림자에 가려 집을 영혼처럼 가꾸지만, 막상 누구보다 먼저 마콘도 밖의 세계를 찾아낸 것은 우르술라였다.

독재자 아르카디오를 몰아내고 마콘도를 다스린 사람도 우르술라였다. 그녀는 일요일 미사를 부활하고, 말도 안 되는 포고령을 철회하는 등 정부군에 대해 강경책을 펼치지만, 고독에 사무쳐서 남몰래 울고, 밤나무에 묶인 남편에게 가서 위로받기도 하는 외강내유형 지도자다.

우르술라는 미신과 주술에 기대는 카리브해 전통이 아니면 탄생할 수 없는 인물이다. 그녀는 물고기 뱃속에서 나온 다이아몬드, 사람의 소원을 들어주는 마술, 집시들이 가져온 마술 등잔과 날아다니는 양탄자를 진짜로 믿었다. 그리하여 레베카의 흙 먹는 습관을 고치기 위해 마당에 소 담즙을 뿌리고, 벽에는 매운 칠레고추를 문지르고, 오렌지 주스에 대황을 섞은 약을 빈속에 먹도록 했다. 집시와 함께 마을을 떠난 호세 아르카디오를 찾아 떠난 그녀는 다섯 달이나 행방불명되기도 한다. 그 후 마콘도에는 이상한 일이 벌어진다. 찬장의 플라스크가 무거워지고, 그릇 위의 물이 혼자 끓더니 수증기가 되어 버리고, 아기 바구니가 움직이며 방 안을 돈다. 우르술라는 고향에 돌아와 부엔디아 가문의 흥망성쇠를 다 지켜보며 천천히 늙어 간다.

우르술라와 아마란타의 역할 모델인 가보의 외할머니 미나

『백 년의 고독』에서 마콘도를 실질적으로 다스린 우르술라는 가보의 외할머니 미나를 모델로
한 것이다. 외할머니는 빵과 과자를 만들어 팔며 가정 경제를 이끌어 갔을 만큼 현실감각과
강한 생활력을 가지고 있었다. 그런 한편으로 카리브에 떠도는 미신과 주술도 신봉했는데, 그
런 모습은 어린 가보의 호기심을 끊임없이 자극했다. 가보의 문학을 상징하는 마술적 사실주
의의 '마술적'이라는 말은 외할머니가 남긴 문화적 유산과 다름없다.

백 살이 넘은 우르술라는 백내장으로 눈이 멀고 이미 기억력은 감퇴해서 현실과 환상을 혼동하게 되어 아기처럼 쭈그러든다. 곡식 창고의 어느 찬장에 숨겨졌다가 하마터면 쥐들에게 잡혀 먹힐 뻔하기도 한다. 파란만장한 삶을 살았던 그녀는 자신의 죽음을 예감한다. 장미에서 발 냄새가 나고 콩알들이 별 무늬를 그리고 오렌지들이 빛을 뿜으며 하늘로 날아가는 일이 벌어지다가 마침내 우르술라는 백이십 살이 넘어 노환으로 생을 마감한다. 그녀의 행방불명 때와 마찬가지로 사후에도 마콘도에는 새 떼의 죽음, 괴물의 죽음 등 수상한 일이 일어난다.

아마란타

『백 년의 고독』과 『이야기하기 위해 살다』를 동시에 보다 보면 신기한 우연들이 눈에 뜬다. 이를테면『백 년의 고독』에서 아마란타가 갑자기 석탄불에 스스로 살을 지지고 나서 평생 손에 시꺼먼 붕대를 감고 다니는 장면을 떠올려 보자. 가보의 자서전에도 이와 비슷한 일화가 나오는데, 이는 아마란타의 모델이 바로 가보의 외할머니 미나였음을 말해 준다.『이야기하기 위해 살다』에는 미혼모의 자식과 결혼하려는 막내딸 루이사에게 화가 난 외할머니가 흥분을 이기지 못하고 빵 공장에서 칼을 가져왔다가 스스로 놀라 칼을 내던지고 숯불에 손을 넣어 속죄했다는 장면이 나온다.

아마란타는 외할머니 미나를 축으로 하지만 가보의 다른 여자 식구들의 모습을 두루 가지고 있는 안티히로인이다. 그녀는 마콘도가 낳은 인물이지만 마콘도의 여성 세계에 대혼란을 가져옴으로써 상대적으로 우르술라와 레베카의 캐릭터를 부각한다. 강한 우르술라와 약하디 약한 레베카 사이에서 그녀는 약함과 강함을 동시에 지닌다. 그녀는 레베카에 대해 평생 질투하고 조카의 유혹에도 넘어가는 약한 여자였지만, 스스로 손을 지짐으로써 곡절 많은 부엔디아가에서 우르술라와 함께 돼지 꼬리의 저주를 피하는 행운을 누린다. 아마란타는 온갖 미움에서 해방되고 수의를 4년 넘게 천천히 짓다가 죽은 사람들에게 전해 줄 사람들의 편지를 모으고, 물건을 가난한 이들에게 나누어 주고 자신의 관부터 옷까지 스스로 다 마련하고 유언까지 남긴 뒤 가족들이 보는 앞에서 연주회의 음악을 들으며 사망한다.

그녀는 마콘도 최고의 악녀였음에도 권선징악은 일어나지 않는다. 악행에도 불구하고 그녀는 마콘도에서 가장 평화로운 죽음을 맞이한다. 어쩌면 선과 악을 동시에 지닌 입체적인 인물인 동시에 가보의 여성관에 가장 부합하는 인물이다. 가문의 마지막 손자를 낳은 '아마란타 우르술라'의 이름에 '아마란타'를 넣은 것은 애초부터 선과 악의 구분이 무의미한 나선형적 세계관을 보여 주는 듯하다.

레베카

레베카는 부엔디아가 출신은 아니지만 작품 전반에 끊임없이 튀어나오는 특이한 여성 캐릭터다. 그녀는 마콘도가 아닌 마나우레 출신의 고아다. 그녀의 흙 먹는 습관은 우르술라의 각종 민간요법에도 낫지 않는다. 그녀는 언니같이 따르던 아마란타의 질투로 인해 피에트로 크레스피와의 결혼이 좌절된다. 흙을 먹지 않기 위해

아라카타카에 있는 가보의 기념물

마콘도라는 가상공간을 낳은 아라카타카의 기차역 주변에는 가보의 소설 구절을 적은 기념물이 세워져 있다. 그의 소설에 등장하는 남성들은 대개 고독 속에서 비극적인 최후를 맞이하는 반면, 여성들은 한결 강인하고 지혜로우며 다채롭고 복합적인 삶의 모습을 보여 준다. 이는 백 살 넘게 살면서 부엔디아 가문의 흥망성쇠를 지켜본 우르술라의 모습에서 가장 두드러진다.

손가락을 빨아 대지만 흙 먹는 습관은 고쳐지지 않는다. 그녀는 흙에 손을 뻗쳐 지렁이와 달팽이 껍데기를 삼킨다. 그리고 동이 틀 때까지 다시 먹은 것을 토해 낸다. 남편이 자기 손에 의해 살해된 뒤 그녀는 마콘도에서 제일 오랫동안 은둔의 시기를 보내면서 흙으로 된 벽을 먹으며 평생을 고독하게 산다.

점쟁이 필라르 테르네라의 예언에 따르면, 부모가 죽을 때까지 불행은 레베카에게 이어질 터였다. 그런데 그 뼈를 도무지 찾을 수 없었는데, 알고 보니 집수리 중 석수장이가 벽 속에 자루째 묻어 버렸다는 것이다. 그녀는 다시 부모의 뼈 자루를 찾아내 멜키아데스의 무덤 곁에 묻지만 불행은 거기서 그치지 않는다.

레베카는 아우렐리아노 부엔디아 대령의 사랑을 받았으나 전쟁으로 그가 떠난 뒤 전형적인 마초인 오빠 호세 아르카디오에게 끌린다. 금기의 사랑을 나눈 두 사람은 공동묘지 건너편에서 그물 침대만 두고 함께 산다. 그들은 우르술라에게 인정을 받고, 호세 아르카디오는 땅의 소유권을 보수파 정부로부터 인정받아 수입을 올리며 그런대로 잘 살고 있었다. 하지만 9월 어느 폭풍우가 내리던 날, 그녀는 남편을 살해한다. 그 후 레베카는 은둔 생활에 들어가며 마콘도에서 완전히 잊힌다. 오랜 세월이 흐른 뒤에 그녀는 입에 손가락을 물고, 버짐으로 대머리가 벗겨진 채로 새우처럼 쪼그린 채 외로이 침대에서 죽은 채 발견된다.

페르난다 델 카르피오
마콘도에서 약 1,000킬로미터 떨어진 내륙 출신의 페르난다는 가장 전통적인 여성상을 보여 준다. 그녀는 미신을 신봉하면서도 지극히 현실적인 카리브해 출신의 여자들과 대척점에 있다.『콜레라 시대의 사랑』의 페르미나 다사와 가보의 어머니와 마찬가지로 페르난다는 열두 살에 수녀원 학교로 가서 8년간 라틴어 시를 쓰거나 클라비코드(피아노의 전신)를 연주하며 물정 모르는 요조숙녀로 자라난다.

그녀는 여왕이 될 것이라는 비현실적인 생각을 하며 살다가 마콘도의 카니발에서 만난 쌍둥이들 중 동생인 아우렐리아노 세군도를 만나 결혼한다. 그러나 페르난다가 은 촛대에, 은 식기로 장식한 식탁에서 가족들이 식사하도록 요구하고, 구식 옷을 걸치고, 부모에게 받은 황금 요강을 들고 다니는 등 금욕적인 수녀 같은 생활을 계속하자 이에 질린 남편은 첩 페트라 코테스에게 빠져 페르난다를 멀리한다.

이후 아우렐리아노 세군도가 사랑을 정확히 반분하여 두 여인에게 주는 이른바 두 집 살림을 하게 되면서 남편에 대한 페르난다의 불만이 쌓여 간다. 또한 '고원 지대'의 방식을 고집함으로써 카리브해 출신의 집안 사람들과도 끝없이 대립한다. 그녀는 병 치료를 위해 타향의 의사들하고만 서신 왕래를 했고, 딸 메메를 수녀원에 감금시키고 손자 아우렐리아노를 아우렐리아노 부엔디아 대령의 작업실에 가두어 버리는가 하면, 멜키아데스의 방에 요강 일흔두 개를 채워 '요강의 방'으로 만들고, 우르술라가 늙자 집안을 진두지휘하게 되면서 우르술라의 전매특허이던 빵과 동물 모양 과자 사업을 중단시킨다. 그녀는 손자를 죽이려고 하다 실패하고 점점 미쳐 간다. 평생 일만 하다 고독을 반복한 부엔디아가의 여느 여자나 다를 바 없이 살던 그녀는 죽음에 이르러서야 저 옛날 마콘도 카니발에서 최고 미녀이던 자신의 모습을 회복하고 죽는다.

아마란타 우르술라

우르술라의 후계자나 다름없는 아마란타 우르술라 역시 억척스럽고 활동적이며 생산적인 일을 도맡아 한다. 호세 아르카디오 부엔디아가 연금술에 빠져 있을 때 우르술라가 집안을 정리하는 총책을 맡았듯이, 벨기에 출신의 남편 가스통이 거미줄을 휘적여 꺼낸 거미 알을 손으로 터뜨리거나 곤충 채집을 취미 삼아 하고 있을 때도 아마란타 우르술라는 부지런히 낡은 집안을 바꾼다. 우르술라의 강한 생활력과 미녀 레메디오스의 매력을 물려받은 아마란타 우르술라는 유럽에서 들여온 최신 유행을 집안 곳곳에 뿌리는 신여성이다. 하지만 그녀도 가문의 6대손이자 조카인 아우렐리아노와 근친상간을 한 뒤 돼지 꼬리 달린 아이를 낳고 죽는 운명을 피할 수 없었다.

집 밖의 여자들

가보의 진정한 스승은 그에게 작가의 길을 알려 준 카를로스 홀리오 칼데론 선생님도 아니고, 시를 가르쳐 준 에두아르도 카란사 선생님이나 시인 세사르 아우구스토 델 바예도 아니었으며, 그가

20대 때 여러 스타일을 따라한 포크너도, 그에게 20세기 문학을 일 깨워 준 '바랑키야 그룹'의 돈 라몬 비녜스도 아니었다. 그의 스승은 바로 윤락 여성들이었다. 그의 소설에는 아내보다 윤락 여성을 주 인공으로 한 인물이 더 많이 나온다. 그는 왜 윤락 여성에 집착한 것 일까?

가보는 열두 살 때 섹스를 경험하고는 그것이 인생에서 가장 무 서운 경험이라고 생각했다고 한다. 그런 그는 마지막 장편소설로 나이 아흔 살 노인이 성매매 업소의 10대 소녀와 사랑을 나누는 작 품을 남겼다. 『내 슬픈 창녀들의 추억』에서 최소 514명의 여자와 잠 을 잤다는 노인의 말이 진실인지 허구인지 뭔지는 모르겠으나 가 보가 젊은 시절 임질을 반복적으로 앓을 정도로 성매매 업소를 즐 겨 드나든 것은 사실이다. 그것을 증명이라도 하듯 『이야기하기 위 해 살다』에는 충격적인 첫 경험과 성매매 업소 체험이 줄이어 등장 한다. 그는 외할아버지의 집을 드나들던 하녀들과 지나치게 친하게 지내면서 여자들과 함께 지내는 것이 누구보다 편했다고 고백한다.

『이야기하기 위해 살다』와 『백 년의 고독』을 비교하면서 읽어 보 면 가끔 실제 경험이 그의 책 속에 고스란히 드러나 있는 것을 보고 박장대소가 터지기도 한다. 『백 년의 고독』의 예언가이자 갈보 필 라르 테르네라는 집안일을 도우러 부엔디아가에 들어왔다가 호세 아르카디오와 아우엘리아노 부엔디아 대령 사이에서 양다리를 걸 친다. 카드 점을 핑계로 방에 갔다가 그녀에게 겁탈당한 호세 아르 카디오는 동생 아우렐리아노 부엔디아에게 첫 경험에 대해 신이 나 서 말해 준다. 그 말을 듣고 레메디오스에 대한 짝사랑의 아픔을 해소하기 위해 아우렐리아노 부엔디아도 필라르 테르네라를 찾아가 일을 치른다.

부엔디아가가 워낙 근친상간과 불륜이 6대째 반복되는 파탄 난 가문인 데다 소설 속 내용인지라 이 이야기를 진지하게 받아들인 독자는 많지 않았으리라. 하지만 충격적인 것은 늘 진실만을 추구하는 가보에게 이 일 역시 실화였다는 사실이다. 아버지의 외상값을 받으러 성매매 업소 '라오라'에 간 가보는 거기서 윤락 여성과 또 한 번 거사를 치른다. 알고 보니 그녀는 얼마 전 여기에 들른 가보의 못 말리는 동생 루이스 엔리케와도 사랑을 나누었을 뿐만 아니라, 그의 팬티까지 빨아 주었다. 형제가 성매매 업소를 함께 들락거린 것도 웃기지만, 엄마도 친누나도 아니면서 어린 10대 소년의 뒤치다꺼리를 해 주는 이 생활형 윤락 여성의 모습을 상상하니 웃음을 참을 수 없었다.

아버지가 모험의 산물이라 일컬은 이복형 아벨라르도 또한 가보의 연애 코치였다. 그는 삶의 모든 문제를 침대에서 해결할 수 있다고 믿었고, 동생에게 여자를 만나라고 조언했다. 한번 즐거움을 맛본 가보는 수크레에서 열린 무도회에서 두 번이나 같이 춤을 춘 알레한드리나 세르반테스와 하룻밤을 보내지만 나중에 그녀가 유부녀가 된 것을 알고 포기했다. 훗날 가보는 소설에서 그녀를 성매매 업소 여주인으로 부활시켰다.

유부녀와의 사랑은 계속된다. 열네 살의 그는 문학 모임의 좌장이자 시인이던 세사르 델 바예의 정부인 흑백 혼혈의 마르티나 폰세카와도 사랑에 빠졌다. 초등학교 교사 준비생이던 그녀는 마그달

바랑키야의 거리

젊은 시절 가보는 바랑키야에 살면서 성매매 업소를 뻔질나게 드나들었다. 그 때문에 임질을 반복적으로 앓기도 했다. 그러나 윤락 여성들로 대표되는 집 밖의 여자들은 그에게 모성에 대한 그리움을 채워 준 제2의 어머니이자 연애 코치이자 공부방 누나로서, 그의 진정한 스승이었다.

레나강 배의 수로 안내인이던 남편이 배를 타는 4시에서 7시까지 가보를 초대해 약 9개월간 금기의 연애를 했다. 10대 소년과 예비 초등교사가 불륜이라니. 이것은 해외 뉴스 토픽감이나 마찬가지이지만, 당시 부모도 없이, 통금으로 폐쇄된 바랑키야에서 밤새 영화관과 성매매 업소를 들락거리던 가보에게 마르티나는 처음으로 찾아온 애절한 사랑이었다. 게다가 마르티나는 사랑이 끝나면 엄마처럼 숙제 검사와 수업 준비를 해주기도 했다.

마르티나의 남편에 대한 질투로 살인까지 생각할 정도로 학교생활도 엉망이던 가보는 마르티나의 도움으로 1942년에 반에서 1등을 차지했다. 웃어야 할지 말아야 할지 모르겠지만 둘은 참으로 이상한 관계였다. 마르티나는 가보에게 바랑키야를 떠나 장학금을 주는 콜롬비아국립대학으로 가라고 했다. 그러고는 둘은 두 달간 만나지 않았다.

가보는 그녀의 말을 듣고 마그달레나강을 8일간 건너 콜롬비아국립대학으로 향했다. 그 뒤 둘은 12년간 만나지 못하다가 나중에 가보가 한 통의 전화를 받는다. 마르티나는 파나마에 살면서 아들 하나를 두고 있었다. 맞춤법과 문법이 엉망진창이던 가보의 작문 숙제를 도와주던 마르티나가 작가가 된 가보를 얼마나 대견하게 여겼을지 빤하다.

가보의 비밀스러운 성교육은 이에 그치지 않았다. 그는 또 한 번 간통을 저지르는데, 이번에는 니그로만타라는 흑인 여자였다. 어머니의 귀에까지 소문이 들어갈 정도로 가보는 니그로만타와 빈번히 일을 치르다 결국 새벽에 경찰인 남편의 총에 맞아 죽을 뻔하기도 했다. 다행히 그녀의 남편이 가보를 살려 주었는데, 가보의 돌팔이 의사 아버지 덕에 자신의 임질이 싹 나았다는 것이 그 이유였다.

나는 이 대목에서 다시 한 번 박장대소하고 말았다. 소설가라기보다는 뻥쟁이가 더 어울리지 않을까 싶다가도, 막상 이를 소설화한 대목을 보면 어디까지 현실인지 무척이나 헷갈린다. 니그로만타의 캐릭터는 부엔디아가의 마지막 6대손인 아우렐리아노에게 성교육을 해 주는 인물로 다시 태어난다. 아우렐리아노는 이모 아마란타 우르술라와 관계를 맺고, 예언대로 그녀가 돼지 꼬리 달린 아기를 낳고 죽자 충격에 빠진다. 이런 아우렐리아노를 유일하게 위로한 이는 다른 사람도 아닌 윤락 여성 니그로만타다.

4대손 아우렐리아노 세군도의 첩 페트라 코테스도 마찬가지다. 아우렐리아노 세군도는 늘 그의 사랑이 달아날까 봐 전전긍긍하는 아내 페르난다와 달리 자신감이 넘친다. 페트라 코테스는 아우렐리아노 세군도를 진정한 사내로 만들었고, 은둔형 외톨이나 마찬가지이던 그를 밖으로 끌어내 세상과 조우시켰으며, 풍요와 다산의 기운을 불어넣어 소심하던 그를 좀 더 대담하고 활동적으로 만들어 마콘도 최고의 부자가 되도록 만들어 준다.

가보는 성매매 업소가 작가에게는 아주 좋은 거처라는 포크너의 생각에 동의했다. 가보와 비밀스러운 사랑을 나눈 여자들은 친어머니의 부재를 메워 준 엄마이자 공부방 누나이자 연애 코치였다. 그는 성매매 업소 천국인 바랑키야에서 살면서 어린 윤락 여성 덕에 로마법 과목을 통과하기도 했고, 그녀들과 함께 뒤마, 코넌 도일, 제임스 조이스 등을 논하기도 했다. 한마디로 윤락 여성과 집 밖의 여

청년 가보

20대의 가보는 주로 바랑키야와 카르타헤나를 오가며 저널리스트이자 문학인으로서 본격적인 길을 걸었다. 저널리즘은 그를 계속 땅에 붙어 있게 했으며, 그것이 이야기꾼으로서의 탁월한 재능과 만나면서 현실의 시적 변형이라는 그만의 스타일이 만들어지는 밑바탕이 되었다.

자들이 그를 만들어 준 것이다.

가보의 특이성은 마초성과 동시에 모성에 대한 절대적인 찬양을 보인다는 점이다. 어쩌면 힘껏 자라지 못한 불완전한 남자 어른이 공공연히 드러내는 마초성은 모성에 대한 그리움의 반쪽일 것이다. 『백 년의 고독』의 여성 인물들은 부성이 채 품어 주지 못하는 부분을 모성에 기대하는 심리로부터 탄생했다고 해도 과언이 아니다.

마지막 사랑 메르세데스

가보 평생의 반려인인 메르세데스는 우연찮게도 가보처럼 약국집 딸이었다. 1941년, 가보가 동네에서 그녀를 처음 보고 막연히 결혼할 것이라고 예감했을 당시, 둘의 나이는 각각 열네 살, 아홉 살이었다. 메르세데스는 키가 크고 광대뼈가 예쁘게 튀어나온 6남매의 맏딸이었다. 메르세데스의 아버지 데메트리오는 1920년대 초에 마그달레나강 주변의 정글을 여행하면서 가보의 아버지 가브리엘 엘리히오와 친해졌다. 데메트리오는 여러 사업을 열다가 수크레에 자리를 잡고 약국을 열고 이후 바랑키야로 거처를 옮겼다. 메르세데스가 메데인의 살레시안수녀학교에 공부하러 갔을 때였지만, 당시 바랑키야에 살던 가보는 데메트리오의 약국에 가서 몇 시간이고 시간을 보낼 정도로 양가는 이웃사촌 이상의 사이였다.

가보와 메르세데스는 거의 10년 넘게 알고 지내는 가운데 가보가 청혼도 두 번이나 했지만 우정 이상으로 발전하지는 않았다. 가보는 메르세데스가 빨리 자라기를 바라며 쭈뼛쭈뼛했고, 메르세데스는 가보에게 큰 관심이 없었다. 둘 사이에 다리 역할을 한 것은 가보의 셋째 동생 아이다였다. 둘은 바랑키야의 프라도호텔 댄스파티에 자주 갔는데, 아이다가 아버지와 춤을 춤으로써 가보가 메르세데스와 춤을 출 기회를 주었다. 둘 사이의 분위기는 1951년부터 무르익기 시작했는데, 하필이면 그때 그들의 친구이던 카예타노 헨틸레가 수크레에서 피살되는 사건이 터지면서 흐지부지되고 말았다.

이후에도 둘 사이는 여러 번 엇갈렸다. 1954년, 가보는 절친 알바로 무티스의 추천으로 보고타의 자유당 계열 신문사인 「엘에스펙타도르」에서 일하게 되었다. 1955년, 공산당에 입당해 군부 치하의 콜롬비아 정부를 비판하는 기사를 수차례 쓴 그는 정부의 눈엣가시가 되었다. 당시 가보는 「난파당한 선원의 이야기」 등으로 독자들을 끌어모으던 인기 기자였다. 그는 특파원 자격으로 제네바로 가게 되었고, 이후 유럽을 떠돌아다녔다. 1956년, 가보가 파리로 갔을 때 구스타보 로하스 피니야 독재 정권은 「엘에스펙타도르」를 폐간하고 말았다.

가보는 호텔비를 지불할 돈이 없었는데, 다행히도 호텔 주인 마담 라크루아가 그를 내쫓지 않고 계속 남아서 글을 쓰게 해 주었다. 그는 드디어 조용히 글을 쓸 기회가 왔다는 사실에 기뻐하며 돌아가는 비행기를 환불해서 식비에 썼다. 힘들게 두 번째 장편소설이 될 『아무도 대령에게 편지하지 않다』의 초고를 썼지만 '아무도 출판하려 하지 않다'가 되어 버렸다. 엘리베이터가 없는 7층 건물에서 살았던 그는 저녁 먹을 돈도 없어서 친구들한테 긴급 도움을 요청

했다. 그런 와중에 그는 메르세데스와 일주일에 두세 번씩 편지를 주고받았다. 하지만 가보의 마음은 이미 딴 데로 새고 있었다.

가보는 자신이 카리브인이라는 사실을 몸속 깊이 인지했다. 그는 빅토르 위고, 파블로 네루다, 블라디미르 나보코프, 가오싱젠 등이 그랬듯이 조국을 등진 망명 작가가 되어 자발적인 세계시민으로 살아갔다. 그들은 개인의 이익보다 우선되는 것이 있음을 세상에 알렸다. 가보 역시 그들의 대열에 기꺼이 동참했다. 그는 마그달레나 강을 떠도는 부레옥잠처럼 평생을 끊임없이 옮겨 다녔다. 그리고 지식인들의 집합소인 카페에서 아르헨티나, 중미, 멕시코 등 다른 세계의 사람들을 만났다.

그때 스물여섯 살의 에스파냐 여배우 타치아 퀸타나가 가보의 마음을 사로잡았다. 그녀는 용감하고 결단력 있고 모험심 강한 여성이었다. 카페마비용에서 처음 가보를 만났을 때, 타치아는 곱슬머리에 콧수염을 가진 그가 아랍인이나 알제리인인 줄 알았다고 한다. 첫인상은 거만하게 보였지만 이후 타치아는 그의 마법 같은 말솜씨에 넘어갔다.

하지만 둘이 만난 지 3주 만에 가보는 실업자가 되었고, 임신 4개월이던 타치아는 하혈과 유산을 겪었다. 둘 사이는 그렇게 아프게 끝났다. 하지만 인간적 교류는 계속 이어져서 1973년에 가보는 메르세데스를 데리고 바르셀로나에서 열린 타치아의 결혼식에 참석했다. 그는 신부의 들러리이자 타치아의 아들 후안의 대부가 되었다.

그는 유럽에서 소설을 쓰는 한편 이탈리아 네오리얼리즘에 관심

가보 부부와 두 아들

가보는 열네 살 때, 아버지와 친한 친구의 딸인 메르세데스 라켈 바르차 파르도를 동네에서 처음 보고 훗날 결혼할 것이라고 막연히 예감했다. 둘은 오랫동안 알고 지냈지만 별다른 진전이 없다가 무려 16년이 지나고 나서야 부부의 연을 맺어 슬하에 두 아들을 두었다. 56년을 이어간 두 사람의 결혼 생활은 가보의 죽음과 함께 끝났다. 가보는 자신의 작품 어디서든 메르세데스의 흔적을 찾을 수 있다고 했다. 메르세데스는 가보가 죽고 6년 뒤인 2020년에 멕시코시티의 자택에서 눈을 감았다.

을 갖게 되면서 영화 대본 등을 집필하기도 했다. 하지만 다 별 소득이 없자 그는 다시 저널리즘으로 돌아와 친구 플리니오 아풀레요 멘도사와 함께 소련과 동유럽 등지를 비밀리에 여행하며 소비에트 사회주의를 맛보았다. 석 달 뒤 여행에서 돌아온 가보는 오랫동안 자신과의 결혼을 기다려 온 메르세데스에게 청혼했다. 메르세데스와 결혼할 마음을 먹은 지 16년, 처음 청혼한 지 12년이나 지났을 때였다. 1958년, 두 사람은 드디어 바랑키야에서 결혼했다. 그의 나이 서른한 살, 메르세데스의 나이 스물다섯 살이었다.

두 사람은 지독히 가난했고, 메르세데스는 계란을 삶을 줄도 몰랐다. 메르세데스와의 결혼이 가보의 방랑벽을 막지는 못했다. 둘은 카르타헤나로 신혼여행을 갔다가 더 큰 도시에서 살아 보고 싶다는 가보의 열망에 따라 베네수엘라의 수도 카라카스로 날아갔다. 1957년에 친구 멘도사의 도움으로 카라카스의 잡지사 「모멘토」로 일터를 옮긴 가보는 10년간 베네수엘라를 독재한 마르코스 페레스 히메네스 장군이 시위대에 쫓겨나는 것을 목격하며 2년을 보냈다. 1959년, 마침내 쿠바혁명이 성공하고 그해 여름 두 사람 사이에는 장남 로드리고가 태어났다. 하지만 가난한 탓에 로드리고에게 우유를 사 줄 형편도 되지 못했다.

쿠바혁명 이후 가보는 프렌사라티나(약칭 '프렐라')*에서 근무하다가 1961년에 프렌사라티나 뉴욕 지국으로 파견되었다. 하지만 CIA의 감시와 혁명을 반대하는 쿠바인들의 협박 탓에 가보는 친구 멘

---

* 미국 제국주의 선전에 저항하고자 체 게바라의 제안으로 설립된 쿠바의 국영 뉴스 통신사.

도사에게 150달러를 빌려서 버스를 타고 메르세데스와 함께 멕시코로 망명했다. 그 후 멕시코는 그의 여생 대부분을 보낸 제2의 고향이 되었다.

가보와 메르세데스는 여전히 가난했지만 방랑을 멈추지 않았다. 로드리고에 이어 1962년에는 둘째 아들 곤살로까지 데리고 다니며 호텔을 집 삼아 떠돌이 생활을 했다. 가보는 생전에 다섯 개 나라에 일곱 채의 집을 남기고 사망했지만, 『백 년의 고독』 이전까지는 1,000부 이상 책이 팔린 적이 없는 작가였다. 어느 날 멕시코시티에서 열린 한 파티에서 그는 서른다섯 살의 카를로스 푸엔테스를 만났다. 이미 15년간 가보는 문학에 헌신했는데 무엇을 보여 줄 게 없었던 반면, 푸엔테스는 1958년 당시 라틴아메리카 붐 세대를 이끄는 사람이었다.

푸엔테스와의 만남 이후 가보는 멕시코의 아카풀코를 여행하다가 갑자기 20년간 쓰고 싶었던 것을 발견했다. 하지만 마법적 요소로 가득한 전혀 새롭다 못해 위험천만한 소설을 쓰면서 그는 두려워졌다. 메르세데스가 집세가 3개월치 밀렸다고 했을 때, 가보는 6개월만 기다려 달라고 했지만 실제로는 1년 6개월 만에 집필을 끝냈다.

원고를 완성한 1966년에 가보와 메르세데스는 유리로 된 가짜 다이아몬드, 에메랄드 등을 전당포에 맡긴 돈으로 생활해야 할 형편이었다. 텔레비전, 냉장고, 라디오 등 돈이 될 만한 것은 전부 전당포에 맡겨서 이제 책만 팔리면 되었다. 가보는 부에노스아이레스의 수드아메리카나출판사에 590매짜리 원고를 부칠 돈 29페소

가보식 '썰'의 결정판 『백 년의 고독』 초판

가보는 1967년 마흔 살에 『백 년의 고독』을 발표하기 이전까지는 무명 작가였다. 그가 1년 6개월에 걸쳐 『백 년의 고독』을 쓰는 동안 메르세데스는 집안의 생계를 책임져야 했다. 그러나 원고를 다 쓰고도 출판사에 부칠 돈이 모자라 절반만 보내야 했을 만큼 부부는 너무나 가난했다. 우여곡절 끝에 『백 년의 고독』이 세상의 빛을 보면서 가보는 첫 전성기를 맞이했다. 그와 함께 세계문학의 중심축도 유럽에서 라틴아메리카로 넘어갔다.

(현재 환율로 약 6,000원)가 없어 원고의 반만 보내야 했다. 하지만 출판 담당자가 나머지도 읽고 싶은 것을 참지 못해 돈을 부쳐 주는 바람에 『백 년의 고독』이 탄생할 수 있었다는 전설 같은 이야기가 전해진다.*

"『백 년의 고독』이 출판되었을 때, 내가 아마 가장 놀랐을 것이다. 그 정도로 성공할 줄 몰랐다. 나는 상상하지 못했다." 가보를 다룬 다큐멘터리에서 가보는 이렇게 말했다. 1967년은 가보가 첫 번째로 맞이한 전성기였다. 그는 바르셀로나의 카르멘발체스에이전시에 의해 국제 문학 시장에 소개되었다. 초판 500부에서 시작된 책은 이제 남미에서 가장 많이 팔린 책이 되었다. 문학의 왕좌는 자연스럽게 유럽에서 라틴아메리카로 넘어갔고, 그는 무명 작가에서 갑자기 남미의 세르반테스가 되었다. 나아가 그는 라틴아메리카의 고독을, 아니 익사 직전의 문학 전체를 구해 냈다. 그리하여 1982년에는 그 공헌을 인정받아 노벨문학상을 받기에 이르렀다. 그에게는 평생 믿지 못할 마법 같은 일이었다.

이런 역동적인 인생의 파고 속에서 메르세데스는 아내이자 두 아이의 엄마, 가사 도우미, 리셉셔니스트, 비서, 사업 매니저 역할을 자처하며 가보 곁을 꿋꿋이 지켰다. 56년을 이어 온 메르세데스와 가보의 결혼 생활은 2014년 가보의 죽음과 함께 끝났다. 그녀는 가보의 끝 사랑이었다. 가보는 그녀가 매일 아침 책상에 꽂아 놓는 빨

---

* 제럴드 마틴이 쓴 가르시아 마르케스의 전기에는 490매짜리 원고를 부칠 돈 82페소 중 32페소가 모자라 부부가 다시 집에 가서 히터와 헤어드라이어를 팔아서 나머지 반을 보냈다고 한다.

간 장미를 사랑했다. 『콜레라 시대의 사랑』에서 51년 9개월 4일간 페르미나 다사를 잊지 못하고 수없이 많은 여자들을 탐닉하다가 죽음에 이르러서야 그녀의 사랑을 재확인하게 된 플로렌티노 아리사의 사랑만큼이나 변덕스러운 동시에 굳건한 사랑이었다. 그는 안정된 결혼 생활을 유지하는 비법에 대해 다음과 같이 조언했다.

"저는 여자들을 잘 이해하고 그들과 더 잘 소통합니다. (…) 결혼에 관한 핵심적인 조언을 하자면 여자들은 부부 사이의 문제를 계속 이야기하고 싶어 하고 끝내는 논쟁으로 끝납니다. 그들을 믿고 잊어버리고 앞으로 나가세요. 절대 논쟁하지 말고 그냥 앞으로 나가요."

— 이브 빌런 외, 다큐멘터리 〈가브리엘 가르시아 마르케스〉 중

문학과 비문학 사이의 저글링

피의 보고타

보고타의 엘도라도('천국'이라는 뜻)공항은 폭력과 연결되기 쉬운 콜롬비아의 이미지를 희석해 줄 만큼 깨끗하고 넓다. 나는 차피네로에 있는 주택 상업 지구에 숙소를 잡았다. 차피네로는 가보가 보고타에 살던 시절 인간 파우누스(고대 로마에서 가축을 주관하는 목신)가 전차에 올라타는 것을 목격했다는 곳이다. 마치 가보가 파우누스를 목격한 것처럼 나도 이상한 환영과 망상에 시달렸다. 『납치일기』에 묘사된 대로 30년 전 마피아들이 보고타 북쪽 500킬로미터 떨어진 곳과 보고타 서쪽 보야카가 근처에서 납치한 기자들을 트렁크에 태우고 대담하게 돌아다녔던 곳도 이곳 어딘가였을 것이다. 40년 전, 정치인 루이스 카를로스 갈란에 의해 정체가 폭로된 마약왕 파블로 에스코바르가 신자유당 대표이자 법무부장관인 로드리고 라라 보니야를 오토바이에 탄 일당으로 하여금 살해한 곳도 이 보고타의 대로 어느 한복판이었을 것이다. 70여 년 전인 1948년

4월 9일, 자유파의 유력 지도자 호르헤 엘리에세르 가이탄이 암살되며 촉발된 보고타 사태로 유령 도시가 되어 버린 현장 또한 바로 이 거리일지도 몰랐다.

가보의 자서전에 따르면, 보고타 사태가 일어났을 때 가보는 경찰의 무력 진압과 시위대의 약탈로 인해 폐허로 변해 버린 보고타 거리를 헤매고 있었다. 그는 자신의 바지를 부여잡으며 살려 달라던 남자를 두려움에 밀치고 도망치던 젊은 시절을 생생하게 기억했다.

가이탄을 쏜 당시 스물일곱 살의 후안 로아 시에라는 현장에서 체포되었지만, 그 사건으로 인해 그를 비롯한 보고타의 목격자들은 오랫동안 학살에 대한 공포와 혐오감에 시달려야 했다. 계엄령이 전국에 발효되고, 언론의 검열과 야간 통금이 강화되었으며, 가이탄을 지지하던 자유파는 토지와 가정을 버려야 했다. 가보가 자주 가던 엘몰리노 카페는 폐허가 되었고, 보고타에는 암운이 감돌았다.

보고타에 도착한 다음 날은 새벽 5시부터 해가 떠오르기 시작했다. 보고타는 섭씨 19도 안팎으로 전형적인 고지대 날씨를 자랑했다. 나는 가보의 모교인 콜롬비아국립대학으로 향했다. 남미의 대학들은 들어갈 때 신분증을 요구하는 경우가 많은데, 그곳은 다행히 쉽게 통과할 수 있었다. 콜롬비아국립대학은 가보가 걸어다니기에 딱 적당히 큰 캠퍼스가 있는 곳이었다. 나는 법대 건물에 들어가 그가 언젠가 앉았을지도 모르는 소파에 앉아서 학생들을 보았다. 그들은 열심히 헌법인지 그날의 점심 메뉴인지 모를 것을 놓고 토론하고 있었다.

보고타에 있는 가브리엘가르시아마르케스문화센터

여러 문화 명소들이 자리하고 있는 보고타의 라칸델라리아 지역에는 가보의 책들이 잘 전시
되어 있는 가브리엘가르시아마르케스문화센터가 있다. 보고타는 가보가 대학을 다닌 곳이자,
다양한 문학 작품을 읽으며 문청 시절을 보낸 곳이며, 저널리스트로도 활동한 도시다. 그러나
가보가 이 도시에서 받은 첫인상은 오래전부터 끊임없이 보슬비가 내리는, 차갑고 음울한 분
위기였다.

가보는 변호사가 되기를 원한 아버지의 기대를 저버리고 다니던 법대를 3년 만에 중퇴했다. 그리고 그로부터 70년 뒤 그의 선택이 옳았음을 보여 주는 가브리엘가르시아마르케스도서관이 콜롬비아 국립대학에서 가장 목 좋은 곳에 자리하고 있다. 나는 그 앞을 돌아다니며 벽에 붙은 광고를 읽었다. 오늘날 콜롬비아 대학생들은 학내 폭력 사태나 폭탄 투하 위협을 느끼지 않고 룸메이트나 밴드 멤버나 필요한 책을 구하려고 노력하고 있었다. 1980년대까지 선배들이 험난한 민주화 투쟁 끝에 얻어 낸 평화 속에서 내가 안전하게 대학을 다닐 수 있었던 것처럼, 콜롬비아의 20대들도 불완전하지만 충분히 안전한 평화를 누리고 있음을 보았다.

먹고 자는 시간을 제외하고 나는 계속 보고타 시내를 걸었다. 걷는 것만으로도 때로는 큰 위로가 된다. 특히 마음껏 걸을 수 있는 권리를 수개월간 빼앗겼던 사람들을 떠올리면 더욱 그러하다.

숲의 도시 메데인

아침 9시 반이 비행기 탑승 시간이라 새벽 5시에 서둘러 체크아웃을 하고 호텔을 나왔다. 밖은 아직 깜깜했다. 공항까지는 30분 거리였고, 나는 공항에서 남미의 스타벅스라고 하는 후안발데스 커피를 마시고 싶은 유혹을 참고 비행기에 올랐다. 불과 50분 만에 380만 인구를 가진 콜롬비아 제2의 도시 메데인에 도착했다.

메데인공항은 시내에서 40분이나 떨어져 있었다. 나는 라우렐레스 근처에 숙소를 잡았기 때문에 호텔까지 가는 데 더 많은 시간이 걸렸다. 하지만 그 시간이 전혀 길게 느껴지지 않았다. 눈이 호강하는 엄청난 드라이브 코스였다. 산으로 둘러싸인 분지에 진분홍색 혹은 홍매색에 가까운 집들이 마치 부산의 빽빽한 집들을 보는 느낌이었다. 나는 저 아름다운 진분홍색 집들이 우연히 일어난 산불에 활활 타오르는 것을 보았는데, 그것은 마치 한때 메데인을 물들인 찐득한 핏물처럼 보이는 것을 막을 수 없었다.

안티오키아주의 주도인 메데인은 일반적으로 '흥겹고 '솔직한' 이미지가 강한 곳이다. 남녀노소 불문하고 오토바이를 타고 다니는 사람들이 무척이나 많이 보였다. 메데인의 시내 교통은 진짜 최악이었다. 횡단보도도 별로 없고, 자전거, 오토바이, 택시, 버스가 뒤죽박죽 섞여 달렸다. 대중교통은 택시가 대신했다. 교통 체증이 심해지자 택시 기사가 중간에 'seguro!'(안전)이라고 외쳤다. 소매치기나 칼치기가 많은지 차의 창문을 잠그라는 것이었다. 공항을 떠난 지 한 시간여 만에 나는 라우렐레스의 호텔에 들어섰다.

평범한 2층 집에 있는 작은 방을 개조한 어두컴컴한 호텔이었다. 텔레비전이 나오기는 하는데 지지직거려서 지금 하는 것이 축구 경기인지, 야구 경기인지 겨우 분간할 수 있는 정도였다. 와이파이는 화장실에서 제일 잘 터지고, 변기 물은 안 내려가지만 뜨거운 물이 콸콸 잘 나오며, 냉장고와 정수기 대신 물통이 달려 있는 저가 호텔이었다. 하지만 작은 테라스가 있어서 숲이 우거진 산을 볼 수 있고, 나가고 싶을 때 언제든지 나가서 주변을 한 바퀴 돌고 오거나 노란색과 파란색 응원복을 입은 사람들과 슈퍼마켓 앞에서 월드컵 구경

콜롬비아 제2의 도시 메데인

콜롬비아 서북부의 안데스산맥 고원 지대에 위치한 메데인은 한때 하나의 행정 도시가 아닌 세계 마약 시장을 호령하던 한 사람의 도시인 적이 있었다. 바로 최대 마약 밀매 조직인 메데인 카르텔을 이끈 파블로 에스코바르가 그 주인공이다. 그는 1960년대 후반부터 나라가 내전의 소용돌이에 빠진 틈을 타 마약 사업을 시작하여 정부가 통제할 수 없을 만큼 막강한 위세를 떨치며 납치와 폭력을 일상적으로 자행했다. 그러나 현재 메데인은 기존의 부정적 이미지에서 탈피하여 혁신 도시로 변모해 가고 있다.

을 할 수도 있었다. 누군가에게 감청당할까 매트리스를 뒤집어 볼 필요도, 수갑을 찬 채 잠을 자다가 누군가의 총부리에 고개가 들려져 잠을 깨는 불쾌한 기분을 매일 느낄 필요도 없었다. 나는 호화스럽지 않지만 자유로운 것이 좋았다.

하지만 지금으로부터 30년 전 콜롬비아에는 타인의 자유를 빼앗아 가며 호화로운 생활을 했지만, 결국에는 그 자신도 자유를 빼앗긴 삶을 살다 간 인물이 있었다. 메데인이 하나의 행정 도시가 아닌 한 사람의 도시였을 때가 있었다. 콜롬비아가 하나의 헌법 국가가 아닌 일개 마피아 두목의 지시 아래 움직이던 때가 있었다. 그가 바로 과거 '콜롬비아=마약'이라는 등식을 만들어 낸 장본인인 '마약왕' 파블로 에스코바르다. 이 장에서만큼 가보 대신 그가 주인공 자리를 차지해야 할 것이다.

납치의 일상화

메데인 시내의 신호 앞에서 택시가 섰을 때, 옆으로 남의 어깨 위에 올라타 마체테 칼 세 개를 가지고 저글링하는 거리 예술가들이 보였다. 과거 몇십 년간 유혈 사태가 끊임없이 일어난 메데인이라면 저런 예술가들이 있어야 한다는 생각이 들었다. 평화로이 기타 줄을 튕기는 것은 카리브해의 전형적인 휴양지 산안드레스섬의 예술들로 충분하다.

길거리 예술인들이 칼을 휘두르며 저글링하듯, 가보는 펜을 휘두르며 비문학과 문학 사이를 저글링했다. 그는 가장 비현실적인 것으로 보이는 소설은 시적 수단을 동원해 변형한 현실이라 믿었다. 그렇다고 그가 모든 현실을 비현실로 비트는 것은 아니었다. 유능한 언론인이기도 했던 그는 거의 15년에서 20년 간격으로 기록 소설을 발표했다.『불행한 시간』(1962),『예고된 죽음의 연대기』(1981),『납치일기』(1997)가 그것이다. 그는 인간이 현실에 발을 붙이고 살아가게 한다는 점에서 저널리즘을 픽션 못지않게 중요하게 생각했다.

『납치일기』는 콜롬비아가 정치적으로 가장 혼란했던 시기 중 특히 1990년 8월에서 1991년 6월 사이에 열 명의 기자가 마피아에 의해 납치된 사건을 다룬 르포다. 1993년, 소설의 주인공으로 등장하는 마루하 파촌과 남편 알베르토의 제안으로 1년 기한을 잡고 쓰기 시작한 가보는 약 3년간 사건을 취재하고 1996년에야 출간했다.

『백 년의 고독』을 '윌리엄 포크너 사후 최고의 소설'로 꼽을 정도로 가보의 팬을 자처한 빌 클린턴 당시 미국 대통령은 이 책을 읽고 "그는 위대한 마음과 정신을 가진 사람이다. 그는 우리가 스스로를 공포 안에 가두는 법, 통제와 지배가 가능하고 부와 권력이 사랑보다 위대하다는 것이 환상이라는 점을 가르쳐 주었다"*라고 평했다.

사건은 1990년 11월 7일, 기관총과 권총으로 무장한 여덟 명의 남자들이 인텔리 기자 집안 출신인 마루하의 기사에게 총을 쏘면서 벌어졌다. 그들은 자신들의 성명서를 전달하기 위해 그녀를 납치한 것이었다. 합법적인 공산주의자 단체인 M-19 소속인 것처럼 위장

---

* 저스틴 웹스터, 다큐멘터리 〈가보: 가브리엘 가르시아 마르케스의 창조〉(2016).

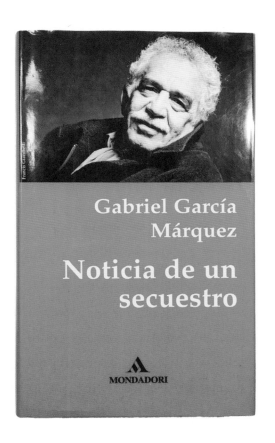

『납치일기』 초판

1996년에 출간한 가보의 『납치일기』는 1990년 8월부터 이듬해 6월까지 수도 보고타에서 열 명의 기자가 에스코바르의 마약 조직에 의해 납치된 사건을 다룬 기록 소설로, 마술적 사실주 의에서 벗어나 작가의 저널리스트로서의 면모가 두드러지는 작품이다. 가보는 조국의 혼란과 부패를 생생하게 증언한 이 작품을 "인간을 제물로 바치는 이야기"라고 요약했다. 이 작품으 로 인해 그는 다시 국외 망명길에 올라야 했다.

했으나, 실제로는 로스엑스트라디타블레스Los Extraditables(국외 인도자)라는 이름의 마피아 일당이었다. 로스엑스트라디타블레스는 콜롬비아의 마약 사범들을 미국으로 인도해 처벌받게 하려는 국외 인도법에 반대하는 무리였다. 그 중심에 '미국의 감옥보다 콜롬비아의 무덤이 좋다'고 외치는 에스코바르가 있었다.

그들은 작은 방에 마루하를 감금하고 반 년간 감시했다. 마루하는, 1979년 자유당의 부패 정치를 개선하기 위해 신자유당을 창당하며 대통령 후보에 올라 국외 인도법을 외치다 마피아에게 암살당한 갈란의 처제이자 유명 정치인 알베르토의 부인이었다. 에스코바르는 갈란이 수천 인파가 운집한 메데인 집회에서 그의 검은 속내를 폭로하자 직접 보수 자유당 하원 의원이 되어 신자유당에 맞섰다. 1989년 8월 18일, 강력한 대통령 후보이던 갈란은 암살자들의 총에 맞아 스러졌다. 알베르토는 1985년에 약물법 및 범죄자 국외 인도법 통과에 앞장서 온 인물이다. 그는 1986년 10월 22일, 마피아의 총격에 맞아 인도네시아 대사로 잠시 떠났다 돌아왔다. 그런데 로스엑스트라디타블레스가 이번에는 그의 아내 마루하와 여동생 베아트리스를 다이너마이트가 가득 든 차에 태워 납치한 것이다.

납치된 마루하와 베아트리스는 이미 두 달 먼저 납치된 마리나를 만났다. 마리나는 당시 비르힐리오 바르코 바르가스 정권의 실세이던 대통령 비서실장의 동생으로, 로스엑스트라디타블레스가 이전 정부에 보복하기 위해 잡은 협상 카드였다. 로스엑스트라디타블레스는 이에 그치지 않고 갈란의 선거 운동 본부장 출신이자 비행기 테러에서 극적으로 생존해 콜롬비아 제28대 대통령이 된 세사르 가비리아에게 분풀이할 목적으로 주요 인물을 열 명이나 납치했다. 전직 대통령 홀리오 세사르 투르바이의 딸인 디아나, 콜롬비아 양대 일간지인 「엘티엠포」 사장의 아들이자 기자인 프랑시스코 산토스(파초) 등이 그들이었다.

마피아들은 라파엘 신부가 에스코바르를 자수시켜 응접실, 부엌, 마당, 서재, 도서관, 욕실, 샤워실, 탈의실, 화장실, 운동장과 적의 감시를 피할 수 있게 사방이 숲으로 둘러싸인 호화로운 교도소에 수감시킬 때까지 무고한 사람들을 계속 학살했다. 그중에서도 마루하는 협상용 체스판의 주요한 말이라는 이유로 여기저기 끌려다녔다. 납치되어 있는 동안 그녀는 방광염, 하혈, 탈모 등 신체적 고통을 겪으면서도 언젠가는 석방되리라는 믿음을 가지고 있었다. 하지만 마피아는 계속해서 보복 살인을 저질렀다. 스포츠 외과 의사의 부인이던 무고한 시민 마리나는 다른 장소로 거처를 옮긴다는 말과 함께 납치범들에게 끌려 나갔다가 살아 돌아오지 못했다. 총탄 여섯 발에 아들도 못 알아볼 정도로 산산조각이 난 마리나의 얼굴 묘사 장면은 『납치일기』를 통틀어 가장 공포스럽다. 그녀는 부검 뒤, 200구의 시신과 함께 영옥 속에 매장되었다.

1989년 마피아와의 전쟁을 결심한 가비리아 대통령은 로스엑스트라디타블레스에게 자수용 떡밥을 던지기 시작했다. 자수한 사람들은 국외로 인도되지 않으며, 자백의 대가로 감형을 받는다는 행정법 제2047조가 1990년 9월 5일 통과되었으나 마피아 일당은 물러서지 않았다. 에스코바르는 인질 석방의 조건으로 로스엑스트라디타블레스에 대한 군사 작전과 정예군 철회를 요구했다. 특히 마피아를 학살한 주범인 장교들을 파면하지 않으면 폭탄을 터뜨리겠다고 으름장을 놓았다.

1990년 선거 운동 전에 네 명의 대통령 후보가 암살당하고 건물과 비행기 폭파 사건이 줄을 이었다. 가장 잔혹했던 1991년에는 사흘에 한 번꼴로 대형 사고가 터졌고, 메데인을 중심으로 벌어진 테러로 경찰 400여 명이 목숨을 잃었다. 경찰들은 지지 않고 에스코바르 편이라고 간주한 메데인 공동 농장에 침입해 주민들을 사살했다. 이에 대해 에스코바르 측은 주범인 경찰들을 처벌하지 않으면 카르타헤나의 유적지를 폭발할 것이라고 협박했다. 에스코바르 측의 마피아 테러리스트뿐만 아니라 게릴라군도 가비리아 정부의 평화 협상에 반대하며 크고 작은 테러를 일으켰다.

이런 가운데 1983년 9월에서 1999년 1월 사이 스물여섯 명이나 되는 기자들이 마피아에게 암살되었는데, 그중에는 콜롬비아의 대형 일간지 「엘에스펙타도르」의 발행인이자 가보에게 처음으로 기자의 길을 열어 준 은인 기예르모 카노도 포함되어 있었다. 그는 마약 거래를 규탄하는 기사를 실어 마피아들에게 위협을 받다가 1986년 신문사 앞에서 총살당했다.

감형 작전이 실패하자 가비리아 대통령은 1990년 12월 14일에 행정법 제2047조를 수정해 이전 형량을 다 합산하지 않고 제일 긴 형량으로 처벌하는 것을 골자로 하는 제3030조항을 공포했다. 정확한 국외 인도의 범위와 사면 기간은 명시하지 않았으나 에스코바르의 측근인 오초아 삼형제를 자수시키기에는 충분했다.

마약왕 파블로 에스코바르

'은 아니면 납', 즉 '내게 협조하여 돈을 벌든지, 아니면 나를 반대하여 죽든지 하나를 택하라'
는 구호 아래 한때 전 세계 코카인 시장의 80퍼센트를 점유한 인물이다. 막강한 재력을 바탕
으로 건설, 자동차 등의 사업에도 뛰어들었을 뿐만 아니라, 정부가 하지 못한 사회 인프라 구
축과 빈민 구제 사업도 벌여 대중에게 많은 인기를 얻었다. 이에 정계로까지 진출하여 한때 대
통령을 꿈꾸기까지 했지만, 미국과 콜롬비아 정부의 공조 작전으로 인해 범죄자로 쫓기다 결
국 사살되고 말았다.

은 아니면 납

에스코바르를 상징하는 대표 구호인 '은 아니면 납Plata o Plomo'은
마피아에 협조해 살든가 불복해 죽든가 고르라는 것이다. 박봉과
목숨에 대한 위협, 돈에 대한 유혹에 시달리던 공무원, 판검사, 정치
인이 그의 수에 넘어갔다. 납을 택한 경찰과 판검사는 물론이고, 에
스코바르의 곁에서 권력의 피를 빨아먹던 변호사 귀도 파로를 포함
해 거의 5,000명이 그의 테러로 사망했다.

가난한 집안에서 출생한 자수성가형 사업가는 사람 장사에만 능
한 것이 아니었다. 에스코바르는 1976년에 범죄 조직인 메데인 카
르텔을 만들어 한때 세계 코카인 시장의 80퍼센트를 점유했다. 이
에 그치지 않고 농장, 건설업, 자동차 등에도 손을 뻗어 대형 기업
으로 성장시키는가 하면, 내전과 오일쇼크에 시달리던 정부가 하지
못한 빈민 구제 사업 등도 벌였다. 이에 그는 대중적인 인기를 업고
대통령 선거에까지 출마했다. 나중에 그가 여섯 시간마다 은신처를
옮겨야 하는 수배자가 되었을 때도 그를 도와준 이들은 그에게 은
혜를 입었다고 믿은 메데인 주민들이었다. 주민들은 경찰을 사냥해
마피아 조직에 넘겼다. 그들은 점점 더 진실과 거짓, 선과 악을 구분
할 수 없었다. 사람들은 마약을 얻기 위해 더 많은 무고한 희생자를
만들고 이것이 자신의 가족과 행복을 위한 것이라며 스스로를 속였
다. 그들은 에스코바르에 대한 잘못된 기대와 믿음으로 인해 범죄
자가 더 잘 살 수 있다며 스스로를 타자화했다. 내가 내 삶을 결정하
는 주체가 되지 못하고 노예로 전락해서 살아가는 삶이었다. 인질

은 마루하와 베아트리스, 디아나와 마리나가 아니라 그들을 인질로 삼으면서 먹고 살아야 하는 그 보초들과 그들의 공동체였다.

안타깝게도 콜롬비아에는 콜롬비아무장혁명군FARC에서 파생한 갱단과 무장 단체 조직원으로 활동하는 이들이 최소 6,000명이 넘는다. 그들은 여전히 마약 거래와 인신매매, 테러를 통해 많은 혼란을 야기하고 있다. 2021년에도 정부와 갱단의 전쟁은 현재 진행 중이라는 점에서 『납치일기』의 가치는 여전히 유효하다.

파블로에스코바르박물관은 요새처럼 산 위에 숨어 있다. 파란색 대문은 그가 실제로 드나들었을 때처럼 보안 시스템에 의해 움직였다. 나는 가보의 얼굴이 담긴 지폐를 포함해 총 90밀페소(약 36,000원)를 내고 디즈니월드를 연상케 하는 출입증 팔찌를 받았다. 예쁘고 길게 다듬은 인조 손톱이 있는 손으로 열심히 설명하던 가이드와 에스코바르와 함께 사업을 했고 이제 여기서 박물관을 운영하면서 살고 있는 친형 등은 이 박물관과 에스코바르의 업적에 대해 자부심을 가지고 있었다. 그들은 에스코바르가 맞을 뻔한 총탄의 자국, 그가 쓰던 변기, 그가 돈을 숨기던 장소(다락, 책상, 변기), 그가 타던 오토바이와 자동차, 그의 형의 자전거 선수 시절 사진, 그의 부모님 사진, 그의 사진, 그의 현상 수배 사진, 콜롬비아의 생태 환경을 망가뜨린 아프리카 수입산 하마들이 노니는 개인 동물원 사진 등을 전시해 놓았다. 사업이 한창 번창했을 때는 현금 다발 묶는 고무줄 구매에만 매달 2,500달러를 썼을 정도라 한다.

박물관 옆에 있는 조그만 가게에서는 에스코바르가 교도소에서 친히 그린 만화책이며, 그의 얼굴이 담긴 모자 등을 팔고 있었다. 호

에스코바르가 탄 차와 그의 형

납치, 살해, 테러 등으로 악명을 떨치던 에스코바르는 1993년 12월 2일, 주택가 지붕 위로 도
망치다가 미군이 지원한 콜롬비아 경찰의 총에 맞고 죽었다. 세상을 어지럽힌 범죄자임에도
그의 업적을 기리는 박물관과 투어 프로그램이 운영되고 있어 여행자를 의아하게 한다. 박물
관은 현재 그의 형이 운영하고 있다.

화 교도소에서 심복들을 부려 온갖 마약 사업을 벌이던 것처럼 그는 죽어서도 나처럼 호기심 가득하고 무지한 여행객들의 쌈짓돈을 받아 챙기며 사업을 하고 있었다.

박물관을 나올 때 에스코바르의 형이 내게 자연스럽게 허리를 감으며 사진 찍는 포즈를 취해서 나는 무척 당황했지만 그냥 이 사람이 디즈니월드의 구피 탈을 뒤집어쓴 사람이라고 생각하자고 하니 마음이 좀 편해졌다. 그 자신도 교도소에서 폭발물이 터져 귀를 다친, 어쩌면 자전거 선수였으면 더 행복한 사람이었을 테니 말이다.

나는 에스코바르의 가족들이 운영하는 이 박물관의 명백한 의도를 느낄 수 있었다. 그가 비록 마약을 통해 많은 돈을 벌고 권력과 명예도 얻었지만, 그는 콜롬비아 국가를 대신해서 민중을 돕고 경찰과 군에 의해 희생당했다는 것 말이다. 나는 한때 현상금이 1,000만 달러에 달하던 범죄자가 미화되는 것, 그리고 내가 그 후손의 배를 불리는 데 일조했다는 것에 씁쓸함을 느꼈다. 그리고 나중에 방문한, 아라카타카에 있는 가보의 집과 그곳을 자연스럽게 비교할 수밖에 없었다. 아무런 돈도 요구하지 않았지만 내게 가슴 벅차오르는 감동을 준 곳, 어떤 통제나 감시도 없었던 곳, 세상에서 가장 커다란 나무 위에 걸터앉을 기회를 준 그 소박한 박물관이 떠올라 그 마약왕의 요새에서 도망치듯 나와 버렸다.

가보의 친구들

가보의 독서 편력

아라카타카, 바랑키야, 카르타헤나, 신세, 수크레 등지로 거처를 옮겨 다니며 부모와 채 3년도 살지 못한 가보에게 책은 친구나 마찬 가지였다. 그는 쥘 베른의 판타지에 빠졌고, 수업 시간 몰래 시를 외 웠으며, 콜롬비아 문학 전집을 2년간 읽어 나갔다. 또한 열네 살 때 는 네루다를 전례로 삼은 젊은 카리브 시인들의 모임인 피에드라 이 시엘로(돌과 하늘)파의 좌장 세사르 델 바예와 친하게 지내면서 네루다를 탐독하는 등 지나친 독서로 인해 신경성 피로가 생길 정 도였다.

시파키라국립기숙학교 시절에 읽은 『천일야화』, 『보물섬』, 『몬 테크리스토 백작』 등은 그를 행복하게 해 주는 마약이나 다름없었 다. 의외인 것은 남미의 세르반테스라 불리는 그가 정작 『돈키호 테』는 좋아하지 않았다는 사실이다.

문법과 맞춤법과 수학은 엉망이었지만 시를 외우는 데 탁월했던 그는 주로 시를 암기하거나 만화를 그리며 유소년 시절을 보냈다. 시파키라국립기숙학교에서 지내는 4년간 그는 축구공 모양도 몰랐지만 훗날 「엘티엠포」 스포츠국의 기자이자 축구 해설가가 된 움베르토 하이메, 노트 정리의 대가이자 전교 1등만 하던 세르히오 카스트로, 가보의 평생 친구가 된 담배와 연애 그리고 훗날 자서전 집필에 도움을 준 알바로 루이스 등 카리브 출신의 친구들과 똘똘 뭉쳐 다녔다.

보고타는 가보가 고등학교와 대학 시절을 보낸 곳이자, 아라카타카에 있는 그의 박물관보다 더 훌륭한 박물관이 있는 곳이며, 그가 신문 「엘에스펙타도르」의 기자로 누비고 다닌 곳이다. 또한 카리브 출신 문인 친구들을 만날 수 있었던 엘몰리노카페가 있는 곳이기도 했다.

콜롬비아국립대학 법대 시절 그는 플로리안가의 하숙집에 살면서 주로 엘몰리노카페에서 책을 읽었다. 그곳은 하숙집에서 200미터 떨어진 히메네스데께사다대로와 7번가가 교차하는 모퉁이에 있었다(이곳은 현재 토레스곤잘로히메네스데케사다로 불린다). 유쾌하고 자유분방한 카리브인이었던 가보는 카리브 출신의 친구들과 함께 차갑고 폐쇄적인 보고타의 카차코cachaco*에 대항했다. 그는 보르헤스, 데이비드 허버트 로런스, 올더스 헉슬리, 그레이엄 그린, 길버트 체스터튼, 윌리엄 아이리시, 캐서린 맨스필드 등 제2차 세계대전 이후 문예의 중심지이던 부에노스아이레스에서 새로 번역된 따끈따끈

---

* 보고타 사람들의 잘 차려입고 교육받은 문화.

엘몰리노카페가 있던 보고타의 토레스곤잘로히메네스데케사다

콜롬비아국립대학 법대 시절 가보는 아버지가 바라는 법조인의 길을 준비하는 대신 주로 엘
몰리노카페에서 앉아 그리스 고전을 비롯한 다양한 문학 작품을 읽거나 카리브 출신의 문인
들과 교유하면서 보냈다. 프란카 카프카의 『변신』을 읽고 나서는 큰 충격을 받고 첫 단편소설
인 「세 번째 체념」을 쓰기도 했다. 그에게 집이나 마찬가지였던 엘몰리노카페는 1948년 보고
타 사태 때 전소되고 말았다.

한 책을 읽어 나갔다. 로스트제너레이션의 책들이 유행하면서 그도 자연스레 영미권 소설가들의 책을 보았다. 그는 수크레 시절부터 친구이자 의대생인 독서광 도밍고 마누엘 베라와 어울렸고, 보르헤스가 번역한 카프카의 『변신』을 읽고 나서 잠을 설치기도 한다.

> 단편소설을 쓰려고 했으나 주제를 정하면 이를 진행하기가 쉽지 않아서 여러 번 헛수고로 끝났다. (…) 내 기숙사 친구 중에 책을 많이 읽는 아이가 있었는데, 어느 날 "이거 읽어 봐" 하면서 노란 책을 주었다. 그것은 카프카였다. (…) 첫 단락을 읽고 이것은 혁명이라고 생각했다. 거기에 중요한 것이 있었다. 테크닉. 서사 테크닉. 그때 나는 그것을 가지고 있지 않았다. 나는 일어나서 내 첫 번째 단편소설을 썼다. 「엘에스펙타도르」에 게재한 「세 번째 체념」이었다. 바로 그날부로 나는 현대 소설 읽기에 대한 방향을 정했고 한 번도 그것을 버린 적이 없다.
>
> ― 이브 빌런 외, 다큐멘터리 〈가브리엘 가르시아 마르케스〉 중

당시 카페에서는 독서, 사교 모임, 문학 강의 등을 할 수 있었을 뿐만 아니라, 각종 우편물까지 받을 수 있었다. 그래서 가보는 1948년 4월 9일 엘몰리노카페가 보고타 사태로 전소되기 전까지 그곳에서 살았다. 그는 방 값이 없으면 길거리를 돌아다니다가 카페에 가서 체계적인 독서법도 없이 책을 닥치는 대로 읽었다. 그런 그도 두 손 두 발을 든 책이 있으니, 매년 내 읽을 책 순위 상위권에 올라가 있는 제임스 조이스의 『율리시스』였다.

가보는 친구 구스타보 덕분에 그리스 고전에 흠뻑 빠지게 되었고, 라미로, 오스카르 데 라 에스프리에야는 알려지지 않은 천일전쟁에 관한 정보를 줌으로써 『백 년의 고독』의 아우렐리아노 부엔디아 대령 캐릭터를 잡는 데 지대한 공을 세웠다. 가보는 정치경제학 교수가 운영하던 자유로운 서점 그란콜롬비아에서 친구가 책을 훔칠 때 망을 보아주다 걸리기도 했다. 그런 친구마저 없으면 그는 마르티레스 산책로를 벗 삼아 돌아다니다가 거기서 잤다.

30년 만에 부활한 예고된 죽음

바나나 학살 사건만큼은 아니지만 청년기의 가보에게 깊게 각인된 사건이 하나 있었다. 그는 사건이 일어난 뒤 30년간 그 일을 마음의 빚처럼 가지고 있었는데, 그 이유는 바로 어머니 루이사의 부탁 때문이었다.

1951년 1월 22일, 의대생 카예타노가 콜롬비아의 작은 마을 수크레의 중앙 광장에서 두 남자에게 돼지처럼 난도질당했다. 살인범은 카예타노의 전 여자 친구인 마르가리타의 두 오빠 빅토르 마누엘과 호세 호아킨이었다. 살해 이유는, 며칠 전 마르가리타의 결혼식 날 예비 신랑 미구엘 팔렌시아가 받은 쪽지 때문이었다. 쪽지에는 마르가리타가 처녀가 아니라고 적혀 있었고, 그 일로 둘의 결혼은 파토가 나고 말았다. 이에 여동생 마르가리타가 그녀의 전 남자 친구인 카예타노에게 더럽혀진 뒤 버림받은 사실에 분노한 두 오빠가 이 같은 일을 저지른 것이었다.

피살당한 카예타노는 가보의 가족들과 각별한 사이였다. 가보의 어머니 루이사는 가족들과 당시 수크레에 살고 있었고, 카예타노의 어머니 줄리에타는 가보의 여덟째 동생인 난치의 대모였다. 전날까지도 가보의 남동생 루이스 엔리케는 카예타노와 함께 있었고, 마르고트는 그가 살해당하기 몇 분 전까지 같이 있었다. 심지어 열한 살 된 가보의 어린 동생 하이메는 살해 장면을 지켜보기까지 했다.

어머니는 살인범들이 살아 있는 동안은 이를 소설화하지 말아 달라고 아들에게 부탁했다. 그로부터 30년 뒤 어머니는 아들에게 카예타노의 어머니 줄리에타의 사망 소식을 전하며 내 아들의 이야기처럼 사건을 다루어 주기 바란다고 부탁했다. 당시 가보는 사실 절필 상태였다. 1973년, 칠레 아우구스토 피노체트의 군사 쿠데타에 의해 살바도르 아옌데의 정권이 무너진 뒤, 가보는 1975년에 『족장의 가을』을 출판한 이후 더 이상 소설을 집필하지 않고 멕시코에서 쭉 살고 있었다. 가보는 피노체트 정권이 무너질 때까지 절필을 선언하고 보고타로 돌아가 『대안』이라는 급진 사회주의 잡지를 창간해 언론인으로 활약했다.

사건이 일어난 지 30년이나 지난 1981년, 이 오래 묵은 이야기는 『예고된 죽음의 연대기』라는 중편소설로 세상에 나왔다. 많은 부분이 각색되었지만 실화를 바탕으로 했다는 점, 가보의 절필 선언 뒤 나온 첫 소설이라는 점에서 초판 100만 부를 찍으며 에스파냐어 문화권에서 큰 반향을 일으켰고, 1987년에는 영화로도 만들어졌다.

바랑키야 그룹

　나는 작은 시골 마을 몸포스를 빠져나와 버스로 일곱 시간을 달려 카리브 최대 해안 도시인 바랑키야에 도착했다. 터미널 밖은 덥고 지저분하고 복잡했다. 차와 버스와 오토바이와 말이 섞여서 교통신호를 무시하고 마구 달렸다. 버스 터미널 옆에는 어떤 남자가 휴대폰을 충전하며 바닥에 엎어져 자고 있었다. 바랑키야의 길거리에는 노숙자 천지였다. 그 옆에서는 아이들이 지나가는 차의 유리창을 닦아 주고 돈을 받고 있었다.

　나는 이벤트홀인 말레콘골든게이트컨벤션센터로 갔다. 그 이유는 거기서부터 길게 이어 놓은 임시 다리를 건너면 불과 400미터 앞에 마그달레나강이 보이기 때문이다. 마그달레나강은 곧바로 카리브해로 이어진다. 그래서 거센 바람과 지나가는 큰 배들과 까마귀와 갈매기가 날아다니는 것을 볼 수 있었다. 인어의 꼬리처럼 잘 빠진 강줄기에 소의 사체가 떠내려왔고 그쪽으로 까마귀들이 날아갔다.

　바랑키야는 오랜 역사와 문화를 자랑하는 카르타헤나에 비하면 심심한 도시였다. 지정학적 위치 덕분에 아코디언 연주자와 음유시인이 자주 드나드는 활기 넘치는 무역 중심지일 때도 있었다. 하지만 지금의 바랑키야에 비하면 가보가 살던 1950년대는 이미 도시가 전성기를 지난 이후였다. 게다가 1948년 보고타 사태에서 촉발되어 20년간 이어진 대규모 폭력 사태(라 비올렌시아La Violencia)의 현장과는 멀리 떨어진 곳이었다. 어머니 지갑에서 훔친 200페소를 달랑

바랑키야에서 본 마그달레나강

마그달레나강은 콜롬비아 서쪽에서 남북으로 관류하다가 바랑키야에 이르러 마침내 카리브 해로 흘러든다. 가보는 작가가 되기 위해 대학을 중퇴하고 보고타의 폭력적 현실과는 멀리 떨어져 있는, 카리브 최대 해안 도시 바랑키야로 강물처럼 흘러들어 저널리스트이자 문학인으로서 본격적인 길을 걷기 시작했다. 보헤미안 같았던 이 시절의 그에게 지대한 영향을 끼친 것은, 윤락가 여성들과 문학인들의 모임인 바랑키야 그룹이었다.

들고 바랑키야로 간 그는 약 4년간 거기에 거주하면서 언론인인 동시에 문학인으로서 본격적인 시동을 걸었다.

유럽에서 온 윤락 여성들이 우글대는 성매매 업소 근처에서 스무세 살의 가보는 제멋대로 살기 시작했다. 당시 그는 임질과 담배를 달고 살고 면도도 안 하고 꽃무늬 셔츠를 즐겨 입던 보헤미안이었다. 패션만큼이나 문학에 대한 목마름을 느끼던 가보는 그를 작가로 만들어 주는 데 지대한 영향을 미친 바랑키야 그룹을 만났다. 당시 산블라스가(35번가)에는 유명한 지식인들이 많이 모여들었다. 그곳에는 콜롬비아카페, 시네콜롬비아, 로마카페 등 모던한 상점들로 가득했다. 그중에서도 문도서점(세계 서점)은 바랑키야 문학의 중심지였다. 책방의 주인은 60대 후반의 돈 라몬 비녜스였다.

『백 년의 고독』에 등장하는 카탈루냐의 현자 모델이기도 한 비녜스는 에스파냐 내전 당시 프란시스코 프랑코의 박해를 피해 콜롬비아로 망명한 에스파냐의 시인이었다. 그의 소개로 가보는 처음으로 바랑키야 그룹의 친구들과 만났다. 가보는 자신보다 여덟 살에서 열 살이 많은 그들과 격의 없이 문학 토론을 했다. 그들 사이에서 포크너는 슈퍼스타였다. 라틴아메리카의 어떤 문학 운동이나 지식인 그룹보다 25년은 앞선 이 모임 덕분에 가보는 포크너, 버지니아 울프, 어니스트 헤밍웨이, 보르헤스의 책을 쉽게 접할 수 있었다.

바랑키야 그룹의 초기 멤버들로는 깔끔한 독서광이자 마음에 안 드는 칼럼은 가보가 보는 앞에서 찢어 태워 버리던 비평가 헤르만 바르가스, 운전은 시속 20킬로미터로 했지만 책은 네 개 국어로 속독할 수 있었던 자유주의자 알폰소 푸엔마요르, 가보의 단짝으로서 영화 평론의 대가이자 무정부주의자인 알바로 세페다 사무디오, 페르난도 보테로가 각광받기 전까지 20세기 초반 가장 유명했던 에스파냐 출신의 화가 알렉한드로 오브레곤 등이 있었다. 이들 중 알바로는 잘생기고 에너지가 넘쳤으며 여자라면 사족을 못 썼지만 남자 중의 남자였다. 가보는 알바로와 포크너에 대한 토론을 벌이다가 주먹다짐을 할 뻔하기도 했지만, 알바로는 가보에게 『댈러웨이 부인』을 선물해 준 친구이자, 시도 때도 없이 전화 통화를 주고받은 절친이었다. 1972년, 마흔여섯 살에 세상을 떠남으로써 알바로는 바랑키야 그룹의 전설이 되었다.

가보는 모든 것으로부터 도망치고 싶을 때 로마카페에 가서 글을 쓰거나, 볼리바르 산책로를 걷거나, 라쿠에바주점에서 술을 마시거나, 길바닥에서 잤다. 그는 집세가 없어서 '마천루'라는 별명을 가진 성매매 업소에서 1년이나 살았다. 그 당시에는 드물었던 4층 고층 빌딩 꼭대기층의 원룸은 하룻밤당 1.5페소에 불과했지만 서비스는 훌륭했다. 윤락 여성 마리아 엔카르나시온은 그의 옷을 다려 주고, 문지기 다마소 로드리게스는 집세 대신 건네주는 가보의 최근 원고를 보증금으로 받아 주었다. 성매매 업소의 윤락 여성과 독서 토론을 하고 윤락 여성의 편지를 대필해 주는 대신 가보는 비누와 아침밥을 제공받을 수 있었다. 가보는 1950년부터 마천루 건너편에 있던 신문사 「엘에랄도」에서 『댈러웨이 부인』의 등장인물에서 따온 셉티무스라는 필명으로 칼럼을 쓰기 시작했다.

포크너의 그림자

　가보가 정치로 발을 뻗으면서 많은 친구들이 등을 돌렸지만, 콜롬비아의 시인이자 소설가인 무티스는 그의 곁에 계속 남아 있었다. 무티스가 가보보다 네 살 많았다. 둘은 같은 잡지에 글을 쓴 인연을 계기로 가보가 20대일 때 처음 만났다. 이어 가보가 멕시코로 이사간 뒤에도 30년이나 함께 이웃으로 지냈으며, 무티스가 사망한 다음 해에 가보도 그의 뒤를 따를 정도로 절친이었다.

　가보가 『백 년의 고독』을 쓰는 18개월 내내 들려준 이야기가 실제 쓴 것과는 완전히 다르다는 것을 알고 무티스는 분노했지만, 그 이후로도 그는 늘 가보의 첫 번째 독자였으며 여행의 동반자였다. 그들은 바르셀로나에서 엑상프로방스로, 알렉산드리아로, 피렌체로, 나폴리로, 베이루트로, 이집트와 파리로 함께 여행했다. 무티스가 파리의 카페 앞에서 거지 행세를 하며 동냥을 구할 때도, 바르셀로나의 술집에서 네루다 흉내를 내며 가짜 사인을 건네줄 때도, 프로방스에서 교통사고를 당할 뻔했을 때도 둘은 함께였다.

　정기적으로 마르셀 프루스트의 책을 재독하던 무티스처럼 가보도 청년 시절 좋아한 작품을 재독했다. 하지만 허먼 멜빌, 로버트 루이스 스티븐슨, 뒤마 등을 제외하면 대부분의 작품들이 그에게 환멸을 가져다주었다. 하지만 그 와중에도 그에게 여전히 중요한 작가로 남은 이는 바로 포크너였다. 가보는 바랑키야 그룹 시절, 미국 남부와 카리브 사이에 유사성이 있다고 믿고 포크너 작품을 외과 수술의처럼 해부하며 읽었다. 그 결과 포크너의 이상향인 요크나파

가보의 절친 알바로 무티스

가보와 알바로 무티스는 20대 때 같은 잡지에 글을 쓰면서 인연을 맺은 이래 평생에 걸쳐 우정을 나누었다. 가보가 정치에 발을 깊이 들이면서 많은 친구들이 떠나갔을 때도 무티스는 계속 가보 곁에 남아서 첫 번째 독자이자 여행의 동반자가 되어 주었다. 가보와 함께 콜롬비아 문학을 대표하는 그의 주요 작품으로는 『마크롤 가비에로의 모험』이 있다.

토파에서 가보의 마콘도로 옮겨 간 첫 번째 소설을 썼는데, 로사다 출판사의 편집자 길예르모 토레로부터 작가로서의 재능이 없다는 이유로 출간을 거절당했다.

우여곡절 끝에 세상에 나온 가보의 데뷔작 『썩은 잎』은 그가 어머니를 따라 아라카타카에 와서 먼지 쌓인 거리와 버려진 집들을 보며 쓴 글을 일곱 번이나 수정한 작품이다. 외할아버지, 어머니, 나 세 사람을 주인공으로 내세우고 있어 마치 『백 년의 고독』의 원형을 보여 주는 듯하다.

작품에는 외할아버지로부터 주입된 바나나 학살 사건과 새로운 이상향을 만들고자 했던 그의 야심이 묻어나지만, 좀 나쁘게 말하면 포크너가 강의한 '소설 창작 연습 1' 과목의 문체 연습 과제물 같다. 그리스 극 주인공의 독백을 통해 죽어 가는 사람과 마을의 스산한 풍경을 다룬 점, 말라빠진 낙엽이 거리를 휩쓸고 시체가 든 관이 등장한다는 점 등 전반적으로 황폐한 이미지가 포크너의 『내가 죽어 누워 있을 때』의 분위기와 지나치게 빼닮아 익히 알려진 가보의 스타일을 좀체 찾기 어렵다. 물론 『썩은 잎』이 있었기에 12년 뒤 『백 년의 고독』이라는 대작이 나왔지만 말이다.

피델과 쿠바에 대한 사랑

가보는 사회주의자였다. 그는 정치적 혁명을 달성하기 위해 글을 쓰는 데 의미를 두었다. 그런 그가 쿠바혁명의 지도자인 카스트로와 두터운 친분을 쌓은 것은 결코 우연이 아니다. 둘의 인연은 거의 30~40년에 걸쳐 단단하게 이어졌다. 1948년, 보고타 사태로 카스트로와 우연히 마주친 20대의 가보는 그때부터 그에게 푹 빠졌다. 가보는 쿠바의 야당 성향 방송국인 라디오 레벨데의 방송을 매일 듣고, 카스트로에 관한 기사를 전부 읽었다.

쿠바혁명이 성공한 직후인 1959년 1월 19일, 가보는 친구 멘도사와 함께 풀헨시오 바티스타 전 정권의 정치인들에 대한 재판이 열린 쿠바의 아바나스포츠경기장을 취재차 다녀왔다. 콜롬비아에 복귀한 그는 쿠바혁명에 동조하는 그룹에 들어가 본격적인 사회주의 활동을 펼쳤다. 시를 정치적 무기로 쓴 네루다처럼 가보는 쿠바와 라틴아메리카 혁명을 위해 자신을 정치적 도구로 여겼다. 그는 체 게바라 사후에 흩어지고 퇴보한 남미 혁명의 부활을 위해 M-19와 같은 지식인 그룹들을 찾아다니며 무장투쟁보다는 평화 시위를 할 것을 주문했다. 또한 프렌사라티나의 보고타 지부장이 되어 반년간 활동하기도 했다. 나중에 공산당 급진주의자들과의 내부 갈등을 겪고 쿠바를 떠났지만, 쿠바혁명의 지도자인 카스트로에 대한 그의 사랑은 절대적이었다.

반면 카스트로는 전 정권의 바티스타가 그랬듯이 개헌과 재임을 거듭하며 지식인들의 비판을 받기 시작했다. 이는 18세기 이래 라틴아메리카에 등장한 독재 정치인, 즉 카우디요*의 수많은 등장과 쇠락을 생각하면 별로 특이한 일은 아니다. 아르헨티나의 후안

* 지방의 토호 세력으로 군대의 대장 혹은 사령관을 뜻한다.

마누엘 데 로사스, 베네수엘라의 후안 비센테 고메스, 엘살바도르의 막시밀리아노 에르난데스 마르티네스, 도미니카공화국의 라파엘 레오니다스 트루히요 몰리나, 쿠바의 마차도 몰라레스, 멕시코의 포르피리오 디아스, 과테말라의 에스트라다 카브레라, 아이티의 프랑수아 뒤발리에, 파나마의 오마르 토리요스, 칠레의 피노체트 등 중남미 독재자들의 공통점은 쿠데타나 영웅으로 권좌에 올랐다가 장기 집권에 대한 유혹을 이기지 못하고 개헌을 통해 독재와 억압 정치의 길로 몰락해 갔다는 점이다. 카스트로 역시 예외가 아니었다. 하지만 가보는 카스트로에 대한 지지를 굽히지 않았고, 체 게바라가 사망한 이듬해인 1968년 이후 그와 라틴아메리카의 지식인들 사이에 본격적인 균열이 가기 시작했다. 1968년은 세계적으로 여러 의미가 있는 해였다. 소련이 체코슬로바키아를 침공했고, 유럽에서는 학생들을 중심으로 한 대규모 운동인 68혁명이 일어났으며, 쿠바에서는 혁명 세력을 둘로 쪼갠 파디야 사건이 일어났다.

파디야 사건은 쿠바의 시인 에베르토 파디야가 '혁명의 배신자'로 찍힌 작가 기예르모 카브레라 인판테를 지지하면서 시작되었다. 파디야는 카스트로의 혁명 정부 눈 밖에 나 반역죄로 체포되고 반혁명 분자의 이름이 적힌 리스트를 읊는 치욕을 당했다. 마리오 바르가스 요사를 비롯한 지식인들이 파디야 사건에 대한 항의 서한을 작성했지만, 쿠바혁명에 대한 믿음으로 똘똘 뭉친 가보는 두 번에 걸친 항의 서한에 서명하지 않았다. 멘도사와 바르가스 요사는 파디야 사건을 계기로 쿠바혁명에 등을 돌렸고, 라틴아메리카의 마술적 리얼리즘을 기반으로 한 붐 세대는 본격적인 해체의 길을 겪게 되었다.

파디야 사건 이후에도 가보는 여러 차례 지식인들의 공격을 받았다. 2003년 쿠바의 민주화를 주창하는 체제 반대자들이 체포되었을 때도, 쿠바를 떠난 망명객이 선상에서 잡혀 사형선고를 받았을 때도, 공개 성명을 통해 쿠바 독재 정권을 비난한 다른 지식인들과 달리 가보는 입을 꼭 다물었다.

그로 인해 절친들이 가보를 떠났다. 「가르시아 마르케스: 살신殺神의 이야기」로 박사 학위를 받고 같은 붐 세대의 선배인 가보를 존경한 바르가스 요사도 마찬가지였다. 바르가스 요사는 가보에게 카스트로의 궁정 작가라는 비난을 퍼부었다. 또한 카스트로를 모델로 한 가보의 『족장의 가을』이 출간된 이듬해인 1976년에는 자신의 불륜 행각을 아내에게 알린 가보에게 펀치를 날림으로써 둘의 관계가 완전히 끝장났음을 보여 주었다.

가보 대신 항의 서한에 대리 서명을 한 절친 멘도사와의 결별은 가슴 아픈 것이었다. 둘은 사회주의 혁명의 동지로서 콜롬비아, 베네수엘라, 쿠바, 동유럽, 미국을 넘나들며 진한 우정을 나누었다. 가보가 언론인으로 자리를 잡을 수 있도록 보고타, 카라카스 등의 잡지에 취업을 알아보아 주고 가보가 멕시코에 갈 때 비행기 삯 150달러를 선뜻 빌려 준 이도 멘도사였다. 훗날 두 사람의 대화를 담은 『구아바 향기』를 본 메르세데스가 마음이 돌아선 멘도사에 대해 안타까움을 표할 정도였다. 멘도사가 카스트로는 공산주의자가 아니라고 설득했지만, 가보는 모두를 버리고 친구 피델을 선택했다.

가보와 피델 카스트로

가보는 보고타 사태 때 피델 카스트로와 우연히 마주친 이래 그의 열렬한 지지자가 되었다. 카스트로가 이끄는 쿠바혁명이 성공한 이후에는 혁명에 동조하는 이들과 본격적인 사회주의 활동을 펼치기도 했다. 카스트로가 독재자의 길로 들어서면서 지식인들의 비판이 이어질 때도 가보는 그에 대한 지지를 철회하지 않았다. 이에 붐 세대를 대표하는 또 다른 작가인 마리오 바르가스 요사는 가보를 '카스트로의 궁정 작가'라 비난하기도 했다. 카스트로에 대한 가보의 지극한 사랑은 1976년에 발표한 『족장의 가을』을 통해서도 엿볼 수 있다.

피델에 대한 가보의 지극한 사랑은 1975년에 출간한 『족장의 가을』에서도 쉽게 찾아볼 수 있다. 이 소설은 카리브해에 사는 늙은 족장의 기행과 광기를 구두점 없는 독백을 위주로 쓴 작품이다. 그는 짐승처럼 성에 집착하고 주요 업무는 분신에게 맡기는 저급한 인물로, 영원히 죽지 않을 것처럼 통치했고 모두를 불신하며 마음에 들지 않는 인물은 싹을 자르는 전형적인 독재자로 그려진다. 『족장의 가을』에서 독재 정치로 인해 서서히 몰락하는 족장의 모습은 카스트로 그 자체였다. 몰락 영웅의 서사는 예수처럼 극적으로 부활하거나 돈키호테처럼 끈 떨어진 영웅이 되었을 때 독자에게 희열을 준다. 그래서 가보는 권력을 지닌 인물이 몰락하는 이야기에 많은 공을 들이고는 했다. 라틴아메리카의 독립 영웅 시몬 볼리바르를 모델로 한 『미로 속의 장군』이나 『아무도 대령에게 편지하지 않다』에서 연금을 하염없이 기다리는 대령처럼 말이다. 『족장의 가을』에 도입된 의식의 흐름 기법은 가독성을 떨어뜨리지만, 권력과 광기에 사로잡혀 혼자만의 세계에 빠진 독재자의 본성을 드러내기에 적합하다. 난해한 기법 때문에 작품은 상업적으로는 실패했으나, 이후 가보와 카스트로의 사이는 급격히 가까워졌다. 이제 가보는 문학보다는 정치와 외교 분야에 더 깊이 발을 들이게 되었다.

가보가 1999년 림프암 진단을 받고 미국에서 치료를 받았을 때, 어떤 사람들은 왜 쿠바 병원에 가지 않았냐고 비아냥대기도 했을 정도로 그의 쿠바 사랑은 지극했다. 그는 피델이 먼저 죽으면 쿠바에 다시는 가지 않겠다고 공공연히 말하기도 했다. 이는 단순히 쿠바에 대한 사랑을 넘어 세상에서 가장 사랑하는 사람 중 하나이던 친구 피델에 대한 사랑이기도 했다.

가보의 모습은 볼리바르의 모순을 알고도 지지한 그의 외할아버지와 빼닮았다. 볼리바르는 베네수엘라 출신의 독립운동가로서, 콜롬비아, 에콰도르, 파나마, 베네수엘라를 에스파냐 식민 지배로부터 독립시킨 라틴아메리카의 해방자다. 가보의 외할아버지는 볼리바르가 창당한 바로 그 보수당과 수많은 전투에서 싸운 자유당 지지자였음에도 가보에게도 볼리바르를 우상으로 삼으라고 강요할 정도였다.

가보는 노벨문학상 수상 연설에서 칠레 인구의 10퍼센트로 하여금 망명길에 오르게 한 피노체트의 독재 정권을 비롯하여 니카라과, 엘살바도르, 과테말라에서 일어나는 폭력과 학살을 비판했다. 그런 그가 카스트로에 대해 조건 없는 지지를 보낸 것에는 어쩐지 석연하지 않은 구석이 있다. 권력과 명예욕이었는지, 아니면 사회주의 혁명에 대한 열정이었는지는 각자의 판단에 맡겨야 할 듯하다.

07

GABRIEL GARCÍA MÁRQUEZ

카리브적 서사

모든 길은 렐로흐성으로 통한다

2018년 6월 말, 새벽 4시의 메데인은 너무나 춥고 안개로 가득했다. 늘 고민의 대상이 된 두꺼운 재킷을 아직 안 버리기를 잘했다 싶었다. 며칠 전 우연히 만나 예약해 둔 택시 기사는 내 숙소 앞에 정확히 와 주었다. 온순하고 착한 눈을 가진 택시 기사는 "Niebla!"(에스파냐어로 '안개')라고 중얼거리며 유령의 성 같은 도시를 힘겹게 지나 공항 앞에 내려다 주었다. 카르타헤나행 비행기는 안개를 뚫고 한 시간을 비행했다.

카르타헤나는 햇빛과 흑인, 그 둘이 서로를 비추며 눈부시게 빛났다. 걸어서 5분 거리에 있는 숙소 주인은 우아하고 친절한 백인계 중년 여성이었다. 카르타헤나의 집들이 그렇듯 이곳도 화려한 원색으로 칠이 된 작은 정원이 있는 숙소였다. 나는 짐을 갖다 놓고 시내로 바로 직행했다.

카르타헤나의 모든 길은 렐로흐성으로 통한다. 그 문을 지나면

16세기 카리브해 최고의 도시로 통과하는 느낌이 든다. 1940년대 말의 카르타헤나는 자동차보다는 아직 마차가 지배하는, 보고타의 잔혹한 현실과 너무도 동떨어진 이상한 세계였다. 다행한 것은 보고타에 마르티레스 산책로가 있었다면 바랑키야에는 볼리바르 산책로가 있었고, 카르타헤나에는 렐로흐 성곽 근처에 산책로가 있어 고독한 시간을 달랠 수 있었다는 점이다.

콜롬비아에서는 산타마르타, 리오아차, 바랑키야, 카르타헤나 등이 카리브해와 인접해 있는데, 그중에서도 특히 400년 역사를 자랑하는 카르타헤나데인디아스는 카리브를 대표하는 상징적인 도시라 할 수 있다. 1533년, 에스파냐가 식민지 건설을 용이하게 하기 위한 관문으로 건설된 이후 카르타헤나에는 내륙 지방과는 다른 독특한 문화가 번성했다. 많은 흑인 노예가 유입되면서 세계적 무역항으로 거듭난 카르타헤나는 프랜시스 드레이크 같은 유명 해적까지 불러 모았다. 해적의 침입에 대항하기 위해 에스파냐는 아바나, 카르타헤나와 같은 주요 거점에 성벽을 둘러쳐 요새를 만들었는데, 이는 훗날 유네스코 세계문화유산으로 등록되었다. 1980년대 활동한 잔혹한 마피아들도 폭탄 투하를 거부할 정도였다.

카르타헤나의 중심 렐로흐성

내전으로 쑥대밭이 된 보고타를 뒤로 하고 카르타헤나에 온 가보는 "고통 없는 고독과 바다가 끝없이 펼쳐져 있었다"라고 표현했다. 16세기, 에스파냐의 식민지 건설을 위한 관문으로 건설된 이래 독특한 문화를 형성하며 카리브를 대표하는 도시가 된 카르타헤나는 가보와도 인연이 깊은 곳이다. 그는 이곳에서 20대의 많은 날을 보냈다. 그가 소유한 저택과 그의 유해도 이곳에 있다. 또한 부모님의 연애 시절 이야기를 소설화한 『콜레라 시대의 사랑』의 배경이 된 곳이기도 하다.

1948년, 보고타 사태의 발발로 인해 콜롬비아국립대학에도 휴교령이 떨어지고, 문학에 대한 가보의 열정이 강 위를 떠가는 동물 사체처럼 죽어 가던 시절이 있었다. 보고타에서 가보는 법조인이 되기 바라는 부모의 바람과는 거리가 먼 생활을 하면서 점차 결석을 자주 하는 날라리 학생으로 변해 갔다. 결국 그는 작가가 되려는 열망을 실현하기 위해 콜롬비아국립대학을 중퇴했다. 보고타 사태 이후 그의 관심은 폭력에 저항하는 글쓰기로 옮겨 갔다. 그는 대학에 가서 언론 공부를 하기로 하고 카르타헤나로 왔다. 카르타헤나로 온 첫날, 그는 야간 통금 위반을 이유로 유치장의 매트리스에서 밤을 보냈다. 그는 저널리즘 수업을 들으며 1948년에 창간된 자유당 성향의 「엘우니베르살」의 편집국장 클레멘테 마누엘 사발라의 눈에 띄어 본격적으로 기사를 쓰기 시작했다. 그는 1949년 12월, 카르타헤나에 통금이 다시 시작될 때까지 이곳에서 살았다.

카르타헤나는 가보와 유독 인연이 많은 곳이기도 하다. 1951년에 가보의 친구인 카예타노가 수크레에서 피살되는 사건이 일어난 뒤 가보의 가족이 그 충격에서 벗어나고자 이사한 곳이고, 1983년에 멕시코 망명을 마치고 부모와 잠시 살았던 곳이며, 어머니 루이사가 눈을 감은 곳이자 가보의 유해가 안장된 곳이고, 가보가 소유한 카리브해의 별장이 있는 곳이며, 그의 대표적인 로맨스 소설 『콜레라 시대의 사랑』과 『사랑과 다른 악마들』의 배경이 된 곳이다.

『콜레라 시대의 사랑』은 부모님의 연애담을 전해 듣고 19세기 카리브해 식민 도시의 상황에 맞게 각색한 작품이다. 당시 가보의 아버지는 포르탈데로스에스크리바노스(대서인들의 현관)라고 불린

렐로흐 성문 아래의 상점가에서 대서인으로 돈을 벌기도 했다. 대서인이란 문맹을 위해 서류를 대필해 주는 사람인데, 가보의 아버지는 남의 연애편지를 대신 쓰는 것으로 시인이 되고자 한 충동을 삭였다.

렐로흐 성문의 상점가는 낡은 천막과 거지와 점쟁이 인디오들과 과자 파는 아주머니들을 흔히 볼 수 있는, 도시에서 가장 생기 넘치는 곳이었고, 20세기 최고의 로맨스 소설의 배경이 되기에 충분했다. 가보는 카르타헤나에 살면서 아침에 글을 쓰고 오후에는 산책을 했다. 그는 아버지를 먼저 인터뷰하고 후에 어머니와 인터뷰한 뒤 둘을 합쳤고, 영화 로케이션 현장을 돌아다니듯 저 옛날 아버지가 연애편지를 대필하던 포르탈데로스둘세스(과자들의 현관)와 포르탈데로스에스크리바노스 등이 있던 카르타헤나 거리를 돌아다녔다. "행복을 유행시키겠다"라고 호언한 그의 목표대로 옛날 상인들이 팔던 설탕 과자만큼이나 달콤한 로맨스『콜레라 시대의 사랑』이 탄생했고, 그는 이를 그의 작품 가운데 가장 아꼈다.

『콜레라 시대의 사랑』이 18세기 카리브해 주변에 아프리카 노예 시장이 급성장하면서 덩달아 활황을 맞은 카르타헤나의 과거 영광을 보여 주는 소설이라면,『사랑과 다른 악마들』은 옛 영광을 좇느라 시대의 흐름에 뒤떨어진 카르타헤나의 현실을 보여 준 소설이다. 당시 에스파냐의 퇴거와 함께 쇠락을 거듭해 가던 카르타헤나에는 유럽식 마녀사냥이 여전히 자행되고 있었다. 가보는 어렸을 때 외할머니 미나로부터 머리카락을 웨딩드레스처럼 땅바닥에 끌고 다니던 소녀에 대한 전설을 들었다. 그러다가 1949년 어느 날 옛 산타클라라회 수녀원의 납골 묘에서 발견된 시체 소식을 들었다. 죽은 이는 당시 열두 살이었던 후작의 딸 시에르바 마리아 데토도스 로스 앙헬레스라는 소녀로 추정되었다. 특기할 만한 것은 이 소녀의 머리카락이 22미터 11센티미터까지 자라났다는 것이다. 여기서 영감을 받은 가보는 이 소녀가 신부에게 사랑의 열병을 앓다 빡빡 깎은 머리에서 머리카락이 물거품처럼 돋아나면서 생을 마치는 것으로 소설을 끝맺었다.

『콜레라 시대의 사랑』과 『사랑과 다른 악마들』은 각각 애처로운 짝사랑과 금기의 사랑을 다룬 애정 소설이라 할 수 있다. 하지만 정치를 떠나 문학으로 돌아가려 했던 가보가 지극히 개인적인 문제인 사랑을 역사화했다는 점에서 역사 소설이기도 하다.

여왕의 도시

『콜레라 시대의 사랑』에서 마부가 꽃으로 장식된 식민지풍 도시로 들어서는 장면은 카르타헤나의 화려한 아름다움을 잘 보여 주는 부분이다. 미사가 끝나고 축제 행렬을 보기 위해 해방자 볼리바르 동상이 있는 대성당 광장에 모여 든 사람들로 시끌벅적한 풍경은 수많은 관광객이 찾아드는 오늘날의 카르타헤나와 별반 다르지 않다. 사람들은 여러 이유로 카르타헤나의 매력에 빠진다. 특유의 습한 공기, 과거와 현재의 혼재, 다양한 문화권에서 온 예술품들……. 내 경우는 그 원색의 아름다움 때문이었다.

카르타헤나의 거리

식민지풍의 건물, 해적의 침입을 막기 위해 세운 오래된 성벽, 화려한 색깔로 페인트칠한 집 등 과거와 현재가 혼재하는 가운데 원색의 아름다움을 뽐내는 카르타헤나는 마치 1년 내내 축제 중인 도시 같다. 영화 촬영지로도 유명한데, 가보의 소설을 영화화한 〈콜레라 시대의 사랑〉도 이곳을 배경으로 촬영했다.

햇볕이 강렬한 적도나 아프리카 지역에서는 집과 벽을 최대한 화려한 색채로 칠한다. 그 이유는 태양 복사에너지 흡수율을 낮추어 최대한 더위를 피하기 위함이다. 해적의 침입과 함께 유입된 아프리카 흑인 노예들의 영향인지 카르타헤나에는 유독 빨강, 초록, 파랑 등의 원색이 많이 보인다. 16세기 에스파냐 건축 양식과 원색의 밝은 에너지로 인해 카르타헤나의 집들은 막 카니발에 나가려고 단장을 끝낸 여왕 미녀 레메디오스처럼 보인다.

이 여왕의 도시는 왕관을 씌운 듯 단단하게 둘러친 요새 덕분에 연중 최고 기온이 40도에 육박한다. 평균 기온은 30도 안팎이지만 그 요새를 따라 걷고 있던 내게는 그곳이 사우나나 다름없었다. 거기서 할 수 있는 일은 손부채질을 하거나, 요새의 구멍 안에 들어가 잠깐의 그늘을 맛보는 것뿐이었다. 카리브의 열기 탓인지 구멍마다 한 사람씩 들어가 앉아 있었다. 거기서 카리브해 주변의 도로를 바라보니 예전에 쿠바에서 본 말레콘 해변이 생각났다. 이것이 같은 바다로 이어져 있다는 생각을 하니 기분이 묘했다.

카리브해와 가장 먼 바다에 살고 있는 우리에게 카리브해는 '워터슬라이드'나 '해적' 아니면 '초록색 모히토 잎의 향만큼 진하게 풍겨 내는 에메랄드 빛 바다'로 다가온다. 그렇다면 당신은 실망감으로 인해 기절할 것이고, 형광색 벽화가 가득한 카페테라스에서 모히토를 머금으며 허기 아닌 허기를 달래야 할 것이다. 실제로 카르타헤나에 출렁이는 카리브해는 여행사 팸플릿에 나오는 화려한 별장 앞의 바다 색감과는 전혀 다르다. 그것은 회색빛의 건조하고 미친 듯한 직사광선에 노출된 바다다. 막 갯벌에서 놀다온 레트리버 서른 마리가 헤엄친 후의 색이랄까.

충동과 우연과 축제의 서사

다음 날 나는 뙤약볕 아래 30분을 걸어 조용한 해변으로 갔다. 나는 거센 파도에 반쯤 내려간 팬티를 추스르며 뭍으로 튀어 올라와서는 커다란 노란 도끼 빗으로 다시 머리를 정성껏 손질한 뒤 입수를 반복하는 이상한 소년을 신기하게 쳐다보고 있었다. 도대체 파도에 잠겨 물미역이 될 머리를 왜 다시 정성껏 빗는지 알 수가 없었다. 나는 그 모습을 보다가 충동적으로 바다에 뛰어들었다가 그만 짠물을 뒤집어썼다. 선베드로 피신해 카리브의 햇빛에 물기를 말리던 나는 그대로 잠들어 버렸다. 잠결에 누군가 "선글라스가 파도에 휩쓸려 갔다"라고 말하는 것 같았다.

그때 옆에 있던 어떤 여자가 나를 흔들어 깨웠다. 그녀는 해변을 걸어가는 콜라 장수를 계속 가리켰다. 그 콜라 장수는 바다에 떠밀려 온 선글라스를 낚아채 모래를 툭툭 털고 바로 끼고 돌아다녔다고 한다. 콜라 장수가 너무 자연스럽게 해변 런웨이 중이어서 나는 그 선글라스를 그에게 헌납할 뻔했다. 어쨌든 그건 바다의 충동과 우연이 만들어 낸 해프닝이었다.

전형적인 카리브인인 가보 역시 바로 이 충동과 우연에 기반한 독특한 서사를 구사했다. 그것은 '우연'을 플롯이나 복선의 실패로 취급하는 영미의 서사와는 몹시 다르다. 일반적인 서사 구축 방식

가보의 저택

가보는 오랜 세월 멕시코시티에 정착해서 살았지만 생전에 다섯 개 나라에 일곱 개의 집을 남겼다. 그중 하나가 그가 사랑한 도시인 카르타헤나의 구시가지에 있다.

은 독자의 콧속에 깃털을 넣고 간질이듯이 복선을 주고 호기심 가루 맛을 본 독자가 마침내 재채기하며 카타르시스를 느끼게 하는 것이다. 가보의 서사는 시에스타*를 즐기는 여유 자적한 카리브의 생활을 소설에 옮겨 놓은 느낌이다. 조금 느슨하지만 물 흘러가는 대로 내버려두는 것 말이다. 선글라스가 떠내려왔으니 끼고 다녔을 뿐이고, 주인이 찾으러 왔으니 돌려주는 식이다. 어쩌면 긴장감은 떨어질지 모르지만 우리 독자는 불구경꾼처럼 그 장구하고 유려한 서사와 경쾌한 문체의 흐름에 몸을 맡기면 될 뿐이다.

『백 년의 고독』에서 아우렐리아노 세군도가 열일곱 명의 사촌 아우렐리아노들을 위해 베풀어 준 축제를 떠올려 보자. 수많은 사람들이 접시를 깨고 밭을 엉망으로 만들고 닭과 소를 잡으러 쫓아다니는 난장판의 장면에서는 마치 폭죽이 터지는 소리가 나는 것만 같지 않은가. 미친 사람들 같은 열일곱 명의 사촌 아우렐리아노들과 이들보다 더 미친 것 같은 아우렐리아노 세군도의 모습은 충동과 우연에 몸을 맡기는 아우렐리아노들의 성향을 대놓고 보여 준다.

리오아차의 바다 앞에서

때는 여행을 떠난 지 50일쯤 지난 어느 날이었다. 나는 어느덧 날짜는커녕 요일조차 안 보고 다니는 한량이 되어 가고 있었다. 더위

---

* 무더위가 심한 라틴아메리카 등지에서 낮잠을 자는 문화.

와 습기와 끝없는 이동 덕에 벌써 세 달은 지난 기분이 들었다. 나는 이제는 절실하게 '쉬고 싶다'는 생각을 하며 짐을 질질 끌고 다시 버스에 올랐다. 다음 목적지는 과히라주에 있는 리오아차였다.

카리브풍의 음악이 신나게 흘러나오는 버스는 빽빽한 바나나 농장과 거대한 숲(타이로나국립공원)으로 이어지는 90번 국도를 달렸다. 두 시간 쯤 지나자 왼편에는 해변이, 오른편에는 거대한 수풀림이 나타났다. 강에서 수영하는 사람들과 풀 먹는 당나귀가 보이는 산타마르타시에라네바다국립공원이 귀스타브 쿠르베의 그림처럼 눈앞을 스쳐 지나가기도 했다.

정류장에 설 때마다 빨래가 한쪽에 널려 있는 식당, 해먹에 누워 있는 사람들, 마당에 놓인 당구대가 보였다. 나는 그런 자연을 보면 곧잘 흥분해서 뛰어내리고 싶어진다. 소름 돋을 정도로 추운 실내 에어컨과, 시끄러운 음악 속에서 잠과의 사투를 벌이며 드디어 리오아차에 도착할 수 있었다.

카리브의 주요 관문으로, 해적이 자주 출몰한 리오아차는 가보의 외고조할아버지가 태어나고, 외할아버지가 전쟁과 옥고를 치른 곳이며, 부모님이 신혼을 보낸 곳이고, 아우렐리아노 부엔디아 대령이 일곱 차례에 걸쳐 반란을 일으켜 자유파 리더를 총살한 곳이다. 또한 에스파냐 왕국의 대표적인 식민지 마을로, 해적 드레이크가 호시탐탐 노리던 곳이기도 했다.

『백 년의 고독』과 이사벨 아옌데의 『운명의 딸』 등 라틴아메리카 소설에 리오아차가 자주 언급되는 이유는 그곳이 16세기 영국 해적 '프랜시스 드레이크 경'에 의해 습격된 곳이기 때문이다. 에스파냐 왕실에서는 드레이크를 악마의 화신으로 여겨지던 '용'이라는 뜻이 담긴 '드라코'라고 부를 정도로 귀찮은 존재로 여겼다. 드레이크는 자신의 선박이 에스파냐 해군에 침몰당한 뒤 복수심으로 에스파냐의 무적함대를 수차례 습격했다. 그는 전리품인 금을 영국 여왕 엘리자베스 1세에게 바침으로써 왕실을 재정적 위기에서 구해내고 기사 작위까지 받았다.

리오아차에 도착한 날 밤 실신한 듯 잠든 나를 새벽에 깨운 것은 『백 년의 고독』에서 우르술라의 4대조 할머니가 난로에 주저앉게 한 대포 소리를 능가하는 굉음이었다. '무슨 일이든 일어날 것 같은 콜롬비아'였기에 내게는 그것이 총소리로 들렸다. 다행히 그것은 내 상상과 달리 마피아 일당 사이의 총성이 아니라, 월드컵의 폐막을 기념하는 폭죽 소리였다. 내가 그곳에 도착한 이후 단 한 번도 멈춘 적이 없던 카리브풍 음악은 여전히 온 동네에 쩌렁쩌렁 울리고 있었다. 나는 동면에서 갑자기 깬 두더지처럼 일어나 눈을 비비며 바람이 세차게 부는 옥상으로 갔다.

리오아차는 바람의 도시다. 카르타헤나도 해안 도시이지만 이 정도로 바람이 세지는 않았다. 바람 덕분인지 리오아차의 파도는 엄청난 파고를 자랑한다. 바다로 향하는 기다란 나무다리가 모래사장에서부터 길게 깔려 있었는데, 다리 높이가 웬만한 1층에 달할 정도였다. 그래서인지 그 밑에 천막을 치고 세간을 갖다 두고 기거하는 사람들까지 있었다.

리오아차의 바다 앞에서 나는 오랜만에 마음이 편해졌다. 외장하드가 고장 난 것이나 피곤함에 절어 여행의 목적을 상실해 모든 것이 시시해진 것 따위는 기억나지 않았다. 바다는 많은 것을 용서하게 만든다. 나는 리오아차를 떠나는 마지막 날, 꼬마 아이들이 곡예를 하며 바다에 풍덩풍덩 뛰어드는 것을 보았다. 나도 어머니의 품에 안기듯 바다에 뛰어들었다. 그 순간만큼은 아무도 내게 다가와 사진을 요청하거나 이름을 물어보거나 모칠라를 팔려고 하지 않았다. 나는 자유로웠다.

해수욕이 끝나고 나는 3킬로미터에 달하는 말레콘 해변을 걷다가 그 끄트머리에서 마술적 리얼리즘의 기념물을 만났다. 『백 년의 고독』과 가보의 장례식을 수놓은 수많은 노랑나비 떼를 쌓아 올린 조각품이었다. 소설에서 나비들은 선풍기 날개에 찢어발겨져 죽지만, 저 기념물 속 나비는 카리브해를 향해 금방이라도 날아갈 듯이 하늘 위로 높이 솟아 있었다.

나비는 『백 년의 고독』에 등장하는 6대에 걸친 인연의 굴레와 금기의 사랑을 상징하는 중요한 장치다. 메메는 어머니 페르난다의 반대에도 불구하고 마콘도 출신의 청년으로 바나나 농장 정비 공장 견습생이던 마우리시오 바빌로니아와 사랑을 나눈다. 마우리시오 바빌로니아의 곁에는 나비가 늘 따라다닌다. 하지만 그는 페르난다가 고용한 경비원의 총에 맞아 침대에서 불구 상태로 살았고, 메메 역시 유럽의 수도원으로 유배되어 늙어 죽었다. 마콘도 외부에서 온 유나이티드프루트컴퍼니가 마콘도 사람들을 학살한 것과 마찬가지로 외지인 페르난다가 마콘도의 무고한 젊은 연인들을 죽인 것이다. 하지만 6대의 굴레는 끊어지지 않았고, 그 어떤 것도 돼지 꼬리를 달고 태어난 마지막 6대손 아우렐리아노의 탄생을 막을 수는 없었다.

리오아차의 바다

에스파냐의 대표적인 식민지 마을인 리오아차는 16세기에 영국 해적 프랜시스 드레이크가 습격한 곳으로도 유명하다. 이곳은 가보의 부모님이 신혼 생활을 한 곳이고, 『백 년의 고독』에서는 아우렐리아노 부엔디아 대령이 여러 차례에 걸쳐 반란을 일으킨 곳이기도 하다. 가보의 어머니 루이사는 리오아차의 바다보다 넓은 바다는 없다고 했다. 여행자는 이 바다 앞에서 오랜만에 마음이 편해졌다.

돼지 꼬리의 맛

우르술라의 숙모와 호세 아르카디오 부엔디아의 삼촌의 근친상 간으로 인해 태어나 평생 동정으로 살았던 남자를 죽음으로 몰고 간 것, 우르술라가 남편을 살인자로 만들어 버릴 만큼 그녀를 공포 에 떨게 한 것, 자신과 똑같은 공포증을 가진 딸 아마란타로 하여금 평생 남자를 거부하게 만든 것, 가문의 마지막 손녀인 아마란타 우 르술라가 근친상간 이후에 가문에 대대로 내려온 예언을 피하지 못 하고 결국에는 아이를 낳다가 죽음을 맞이하게 만든 그것. 바로 돼 지 꼬리 이야기다.

'꼬리가 징그러워 봤자지!' 보고타에서 약 1,236킬로미터 떨어진 콜롬비아령 카리브의 섬 산안드레스에 들르기 전까지는 그렇게 생 각했다. 그동안 튀긴 음식으로 배를 채우며 곤궁한 여행을 한 내게 특별한 보상을 주고 싶었던 나는 카리브의 독특한 우윳빛과 에메랄 드빛 바다를 볼 수 있는 산안드레스로 갔다. 프린시팔 해변 앞에서 식당을 고르고 있는데, 'Frijoles con cola de cerdo(돼지 꼬리와 콩)'가 우 연히 눈에 띄었다.

'약간 흐물흐물하고 뼈가 있는 산삼이라고 생각하자.' 돼지 꼬리 는 삶은 콩 수프에 휩싸여 마치 돼지가 먹다 토한 것 같은 모양새로 접시에 담겨져 나왔다. 나는 이상한 도전 의식과 싸우며 포크를 들 었지만 그 길쭉하고 얇은 꼬리 사이로 튀어나온 흰 뼈를 보며 차마 입에 넣을 생각을 하지 못하고 있었다. 나는 그것을 결국 삼켰다. 마 치 잘린 손가락이 온 입안을 돌아다니는 느낌이었다. 그날 밤 나는 커터칼을 엉덩이에 꽂고 자다 피를 줄줄 흘리는 꿈을 꾸었다. 나중에 생각해 보니 무의식 속에서 내 엉덩이에 돼지 꼬리가 자라나는 상상을 했던 모양이다. 만일 내가 그런 저주를 받았어도 나도 바지속에 몰래 숨겨 놓은 꼬리를 살포시 푸줏간 주인에게 내밀었으리라. 설령 그것이 죽음을 가져온다고 할지라도.

최면술과 연금술

가보가 최면을 거는 방법

에스파냐어권에서 가보는 '마마갈리스타 mamagallista' 즉, 익살의 대가로 불린다. 가보를 떠올리면 나는 야자수에 묶여 있는 해먹에 누워 맥주를 마시며 세 페이지에 한 번 낄낄거리게 되는 책을 읽는 장면이 생각난다. 그의 솔직하고 유머러스하고 폭포 같은 말솜씨와 바느질 자국 없는 이야기는 출구를 찾을 수 없게 만든다.

그는 만성 우울증 환자가 비루한 삶으로부터 회피할 수 있게 단단한 몰입을 선사한다. 이야기의 끝을 알고 싶지 않고 그의 이야기 안에서만 머무르고 싶게 만든다. 그는 손가락으로 한곳을 응시하고 독자가 그 손가락에 의지하는 동안 능구렁이처럼 그 손가락을 타고 넘어간다. 농담에 웃어 버리는 순간 독자는 최면에 걸려 버린다. 가보는 우리에게 어떤 식으로 최면을 걸까?

제목 깎는 장인

작가는 홈런볼을 쳤을 때처럼 상대의 정신을 아찔하게 만들 제목
을 킁킁대며 찾는다. 이왕이면 단일 명사보다는 서로 내용이나 형
식이 충돌하는 복합 명사가 좋고, 구나 절이 들어가면서도 식상하
지 않은 조합이 좋다. 『사랑』이나 『우정』 같은 보통명사보다는 『인
간 실격』, 『우아하고 감상적인 일본 야구』, 『너의 췌장을 먹고 싶어』
같은 책은 도무지 안 읽고 못 배길 것 같다. 이런 도발적인 제목은
장편소설보다는 단편소설에 더 어울리는 편이다. 단편소설에 출중
한 무라카미 하루키의 「빵 가게 습격」, 「빵 가게 재습격」이나, 보르
헤스의 「기억의 천재 푸네스」, 「죽지 않는 사람」, 「피로에 지친 어느
남자의 유토피아」 같은 작품을 보면 제목 자체에 서사가 있어 책을
열어 볼 수밖에 없다. 그래서 나는 단편소설일수록 한 단어짜리 제
목을 피하고 최대한 길게 붙여야 한다고 생각한다.

물론 마지막 장에 도달할 때까지도 '제목이 전부였다'는 생각이
들 때도 있고, 제목 때문에 주제를 유지하지 못하게 되는 일도 있
다. 게다가 클래식을 지향하는 묵직한 주제의 책에 갑자기 『이 똥
같은 마을』 같은 제목이 붙는다면 아예 고급 독자의 선택권까지 제
한하게 된다. 가보의 『이 똥 같은 마을』은 나중에 『불행한 시간』이
라는 점잖은 제목으로, 혹은 '노벨상 수상 작가의 작품 리스트'나
'가보 콜렉션'의 한 자리에 들어갈 법하게 바뀌었으나 어쨌든 그의
재치 있는 단편소설의 제목은 그의 '유우머' 감각을 여지없이 드러
내 준다.

가보의 작품 중 내가 뽑은 좋은 제목으로는 「순박한 에렌디라와

렐로흐성 앞에 있던 가보의 책 판매대

익살스러운 데다 폭포처럼 이어지는 가보의 현란한 서사는 독자로 하여금 최면에 걸린 듯한 몰입을 선사한다. 「물에 빠져 죽은 이 세상에서 가장 멋진 남자」라는 제목에서 보듯이 그는 우선 작품의 제목에서부터 흥미와 상상력을 자극한다. 또한 심각하고 고통스러운 삶을 이야기할 때도 그것을 반전시켜 주는 유머 감각을 절대 포기하지 않으며, 반복과 과장을 통해 그 유머를 증폭시킨다. 그는 장날마다 곡예와 악기 연주로 사람을 끌어모아 약을 파는 능구렁이 떠돌이 약장수처럼 라틴아메리카식 '썰'의 진수를 보여 준다.

포악한 할머니의 믿을 수 없이 슬픈 이야기」와 「가정교사 미스 포르베스의 행복한 여름」 등이 있다. 둘 다 소품에 가깝지만 이미지를 연상시키는 제목 때문에 한번 들추어 보게 된다. 그가 보고타 사태 후 카르타헤나로 왔을 때 「엘우니베르살」의 편집국장 클레멘테 마누엘 사발라의 부탁으로 6개월에 걸쳐 쓴 단편소설 「죽음의 다른 쪽 갈비뼈」는 추상과 구상(특히 오감을 자극하는 표현)을 접목한 훌륭한 제목이다. 또 국내 언론사가 작가에게 인세를 지불하지 않는 관행 탓에 돈 한 푼 받지 못한 「천사들을 기다리게 만든 흑인 나보」 등도 사연이 있어 보이는 좋은 제목이다. 한편 「눈 속에 흘린 피의 흔적」이라는 작품의 제목에는 사연과 이미지와 상상력을 자극하는 색감이 모두 들어가 있다. 내가 제목에 점수를 매긴다면 99점을 주고 싶을 정도이며, 작품도 미스터리한 분위기가 일품이다.

하지만 가보의 작품 중 내가 뽑은 최고의 제목은 「물에 빠져 죽은 이 세상에서 가장 멋진 남자」다. 실은 이 소설 이야기를 하려고 이리도 길게 썼다. 이 제목이야말로 가보 유머의 최대 장점을 드러낸다고 생각한다. 제목에 상상력을 자극하는 사연과 이미지 외에도 블랙유머의 주된 구성 요소인 아이러니가 모두 들어가 있다. 더구나 내용 자체도 말할 것 없이 좋다. 제목 깎는 장인답게 제목에 대한 기대를 배반하지 않는 절묘한 묘사와 서사와 문체를 보기 위해 나는 그의 책을 더듬은 것이다.

아이러니

세계에서 가장 짧은 소설을 아는가?

For sale: baby shoes, never worn.

(팝니다, 아기 신발. 한 번도 신은 적 없음.)

가슴 아픈 젊은 부부의 사연이 담겼을 것 같은 헤밍웨이의 이 소설은 단문을 무기로 내세우던 작가의 특징을 잘 나타내 준다. 물론 이 단어들을 보고 'picky baby'(아기 취향 까다로움)이나 '민트 제품, 네고 불가' 같은 것을 생각해 내는 나처럼 까다로운 독자에게는 감동이 반감되겠지만 말이다. 어쨌든 아기 신발 이야기는 소설의 길이가 재미를 보장해 주지 않는다는 것을 말해 준다.

가보는 씁쓸한 듯 삶을 반전시키는 저런 식의 아이러니가 유머를 끌어낸다는 것을 알았다. 특히 '죽음'만큼 씁쓸하고 여타의 단어들과 큰 낙차를 일으키는 단어도 없다는 것도 말이다. 바랑키야 시절, 자살 충동에 시달릴 정도로 지독히 어렵고 고독한 삶을 살았던 가보는 인내심은 잃을망정 유머 감각만은 절대 잃지 않는 사람이었다.

심각하기 짝이 없는 사회 르포 『납치일기』에서도 마마갈리스타는 웃음에 대한 욕심을 감추지 않는다. 납치범들은 언론인 헤로 부스를 데리고 있을 곳을 찾다가 수다스럽고 씀씀이가 헤픈 혼혈 여자의 집에 맡기는데 보면 볼수록 가관이다. 임신한 그 여자는 매일 밤 친구들을 불러모아 파티를 벌이는 파티광으로, 분수에 안 맞게 돈을 펑펑 써대는 바람에 온갖 물건을 저당잡히고 급기야 수중에 돈이 다 떨어졌는데, 마침 산통으로 병원에 갈 돈마저 없어 인질이었던 기자가 돈을 탈탈 털어 주었다는 웃지 못할 이야기다.

노벨문학상을 받을 때의 가보

1982년, 가보는 영국의 그레이엄 그린과 독일의 귄터 그라스와 경합한 끝에 노벨문학상 수상자로 선정되었다. 노벨재단은 그가 약자들의 편에 서서 라틴아메리카에 대한 서구의 경제적 착취와 국내의 압제적 상황에 강력하게 대항했다고 선정 이유를 밝혔다. 카리브 지역의 예복을 입고 시상대에 선 가보는 수상 연설을 통해 라틴아메리카가 처한 고독을 웅변적으로 설파했다.

반복

코미디에서 반복은 필수적인 요소다. 주인공의 집착으로 인한 반복과 실패를 통해 내적 긴장이 블록처럼 점점 쌓이게 되고 마침내 한 번에 와르르 무너뜨렸을 때 웃음은 일시에 폭발한다. 불면증이 마콘도를 덮쳤을 때 호세 아르카디오 부엔디아는 아들 아우렐리아노 부엔디아가 개발한 기억력 증진법 쪽지를 여기저기 달아 둔다. 기억력 증진법이라는 게 어처구니 없게도 소, 돼지, 닭, 시계 등 온갖 사물에 먹으로 이름을 써서 표시하는 것인데, 이 우스꽝스러운 행위가 집단적 광기로 변해가는 과정이 매우 인상적이다. 모두가 동시에 같은 불면증과 기억상실을 앓는다는 것도 웃기지만, 그것에 대처하는 부엔디아 대령의 강박적인 모습은 마치 코미디 프로그램의 한 장면 같다. 인물의 강박과 집착에 기반한 유머는 『백 년의 고독』 전반에 걸쳐 나온다. 호세 아르카디오 부엔디아가 푸르덴치오 아컬라를 살해한 뒤 계속 같은 꿈을 꾸는데, 끝없이 연결된 방의 문을 열면 또 다른 문이 나오는 식이다. 미로 같은 방에 갇힌 호세 아르카디오 부엔디아의 모습은 마콘도의 주민들이 집단 불면과 기억상실에 갇혀 도돌이표 같은 일상을 반복하는 것과 매우 닮아 있다.

과장

아우렐리아노 세군도와 페트라 코테스 커플이 가축을 경품으로 한 추첨권을 팔 때의 이야기를 보자. 페트라 코테스는 토끼를 추첨에 붙이는데, 토끼들이 어찌나 빨리, 많이 새끼를 치던지 미처 추첨권을 팔 시간도 모자랄 지경이 되었고, 아우렐리아노 세군도는 땅과 가축을 얻게 되면서 순식간에 부자가 된다. 하지만 가축들이 번식을 멈추지 않고 폭발적으로 새끼를 낳으면서 재산이 감당하지 못할 정도로 계속 불어난다. 아우렐리아노 세군도는 돈에 광적인 집착을 보이더니 급기야 1페소 지폐로 집을 도배하고 마당에도 돈을 뿌려 버린다.

반복이 과장법과 함께 사용되면 유머는 증폭된다. 하지만 과장은 자칫 잘못 사용하면 거부감을 낳기 때문에 위험 요소가 꽤 많은 장치다. 하지만 가보는 특유의 이야기 재능을 통해 이 산을 가볍게 넘어 버린다.

인물과 디테일

나는 가보가 기저귀나 바늘 쌈지나 발가락의 티눈 등 어떤 소재로도 글을 쓸 수 있었다고 생각한다. 자서전에 따르면, 실제로 그는 어렸을 때 기저귀에 똥 싼 것까지 기억하고 있다. 그는 외팔이에게 장갑 두 짝을 팔고, 다리 한 짝인 사람에게 외발자전거를 팔고, 대머리에게도 전기 헤어롤을 팔았을 법한 작가다. 정말 말이 안 된다고 생각하면서도 끌릴 수밖에 없는 이야기의 생생함은 눈앞에서 사람이 사라지는 마술 한 장면을 보는 느낌이 들게 한다.

그에게 문학은 가장 좋은 놀이터였다. 자서전이라고 예외는 아니다. 반짝이는 유머와 믿을 수 없는 수많은 에피소드, 그리고 한 번도 보지 못한 다양한 캐릭터들. 그것을 읽으면서 나는 끊임없이 내적 투쟁을 했다. 이것을 믿어야 하나 말아야 하나. 픽션과 논픽션을 아슬아슬하게 가르면서 전개되는 현란한 서사를 따라가다 보면 '이건 진짜 일어났을 것 같다'고 수긍할 수밖에 없다. 그래서 그의 즐거웠던 삶, 프로작 같았던 삶이 투영된 소설을 읽으면 마음이 유쾌해지고 '인간이 다 그렇지 뭐. 자, 마셔' 하고 느끼게 된다는 점에서 그는 내가 아는 소설가들과는 완전히 다른 세상에 있다.

독수리 타법에, 작가의 자질을 의심케 하는 맞춤법과 문법 오류를 자랑하던 그였지만, 디테일만큼은 오류가 없었다. 자서전에 따르면, 그는 자신의 낙천주의와 소심함을 결점으로 뽑았으나, 이런 요소들은 소설의 디테일을 강화하는 데 보탬이 된다. 조직적으로 짜인 듯 짜이지 않은 듯 현란한 직물 공예를 연상케 하는 그의 디테일은 그가 '인물'을 묘사할 때 뿜어져 나온다. 축구공 생김새도 몰랐던 친구가 축구 해설가가 되고 축구를 하다 부상을 당한 사촌이 깁스를 한 김에 볼링을 공부해 챔피언이 되는 장면은 어디로 튈지 모르는 아르헨티나의 축구 선수 메시의 발재간을 보는 듯하다.

『백 년의 고독』에는 그링고에 대한 풍자가 많이 나오는데, 특히 미국인 미스터 허버트가 바나나를 세밀하게 분석하기 위해 광학 도구, 외과용 메스, 약방의 저울, 심지어 측경양각기를 사용하고 잠자리채로 마콘도를 들쑤시고 다니는 부분은 마콘도를 타자화하는 외부 세력을 코믹하게 풍자한 대표적인 장면이다.

인물들의 운명을 통제하지 않는 3인칭형 작가

나는 1인칭 소설에 열광한다. 수많은 인물이 등장하는 도스토옙

스키의 대하소설보다는 상대적으로 평가를 덜 받는 『지하 생활자의 수기』에 더 끌리는 것은 작가의 내적 고백을 생생한 일기처럼 읽을 수 있다는 점 때문이다. 1인칭형 작가의 소설은 열광과 몰입을 끌어낸다.

그 반대의 이유 때문에 나는 수많은 인물이 얽히고설키며 사건과 플롯 중심으로 진행되는 3인칭 소설을 별로 좋아하지 않는다. 그것이 블랙코미디의 '거리 두기'를 위해 일부러 쓴 것이 아니라면 나는 3인칭을 택하는 것이 독자와 멀어지는 아주 쉬운 방법이라 생각한다. 물론 카프카의 소설에 등장하는 'K'처럼 3인칭 전지적 작가 시점을 쓰기는 하지만 실상은 자기 고백에 가까운 소설은 예외다. 그래서 나는 3인칭 소설을 쓴 뒤에 오랫동안 식은 차를 마신 것 같은 씁쓸함을 느껴야 했다. 그것은 누군가 대필한 것 같고 주인공이 온전히 내 것이 아닌 느낌이었다.

이런 내가 가보의 소설을 처음 접했을 때는 당연히 저항감이 들수밖에 없었다. 그의 소설은 3인칭 전지적 작가 시점이어야 한다. 그래야만 관계접속사나 콜론 등으로 수없이 길게 이어 붙인 만연체를 더욱 자신 있게 몰아붙일 수 있기 때문이다. 그는 온전한 자기 세계의 왕으로서, 과거와 미래에 각각 일어났을 법한 일을 통달한 듯이 구구절절 읊어야 성이 차는 사람이다. 3인칭 전지적 작가 시점만큼 그에 적합한 시점은 없다.

내가 1인칭에 끌리는 작가임에도 불구하고 가보를 좋아하는 것은 참으로 희한한 일이다. 오랜 연구 끝에 그 결론을 내렸는데, 그것은 아마도 가보가 효과적으로 인칭을 변용하는 귀재이기 때문일

가보가 사용하던 타자기

가보는 독수리 타법에다가 맞춤법과 문법 오류를 심심찮게 저질렀지만, 어떤 소재를 가지고도
글을 쓸 수 있을 것 같은 그만의 화려한 입담과 생생한 디테일은 독자들을 매료시키기에 충분
하다.

것이다. 3인칭 전지적 작가 시점이라 할지라도 그는 인물을 통제하지 않고 자율성을 준다. 인칭의 효과는 시점과 어우러져서 부각된다.『썩은 잎』처럼 아예 어른에서 아이까지 세 인물을 1인칭 시점으로 쓴 경우도 있지만, 이후로 그는 거의 줄곧 3인칭 전지적 작가 시점을 유지했다. 이런 3인칭 시점 아래『백 년의 고독』에서 레베카는 레베카답고, 레메디오스는 레메디오스답다. 다시 말해 작자가 인물들의 운명을 통제하고 있는 것이 아니라, 인물들이 자신들의 운명을 스스로 결정하고 있다는 느낌이 든다.

글을 쓰면서 여러 번 내가 창조한 인물들에 의해 변방으로 밀려 본 내 경험에 비추어 말하건대 작가는 자신이 만든 인물을 결코 이길 수 없다. 3인칭 소설이라고 다르지 않다. 작가는 누구나 처음에는 완벽한 설계에 의해 무너질 수 없는 단단한 세상을 만들었다고 믿는다. 하지만 세상이 불공평하게 변해 가고 점차 난장판이 되어 가는 것을 막을 수 없기에 작가는 가만히 팔짱을 끼고 바라볼 수밖에 없다. 이래서 자식 농사가 어렵다고 하는 것인가.

최면을 부르는 문체

세상의 문체를 침대의 문체, 흔들의자의 문체, 해먹의 문체로 나누어 보겠다. 먼저 침대의 문체는 땅에 굳건히 정지해 있어서 정중하고 참해 보이지만 필요에 따라 충동적이고 격렬하게 움직이는 문체다. 예컨대 니코스 카잔차키스의 소설에 나오는 조르바 같은 충동적이고 거친 캐릭터가 술을 거나하게 걸치고 침대에 뛰어들었을 때 어떤 말을 지껄일지 떠올려 보라. 평소에는 화자처럼 잔잔하고 추상적이고 관념적으로 흐르던 소설이 조르바가 허리띠를 끄르고 매트리스를 뒤집어엎어 버리는 순간 판세가 뒤바뀐다. 그것은 거칠고 충동적인 동시에 안정적이고 부드럽다. 그리고 보이지 않는 부분을 상상하게 만든다.

> 조르바는 살아나기 시작했다. 그는 닭을 다 뜯어먹고 나서 오르탕스 부인을 바라보며 군침을 흘리고 있었다. 그의 시선은 오르탕스 부인을 핥아 내려가기 시작했다. 위에서 아래로 훑어 내려오다 더듬이가 달린 듯한 그의 눈은 부인의 불룩한 젖가슴 속으로 미끄러져 들어갔다. 우리 귀부인의 조그만 눈도 반짝이기 시작했다.
> ― 니코스 카잔차키스, 『그리스인 조르바』 중

이런 문체의 목적은 오로지 한 가지 이유밖에 없다. 당신을 음탕하게 만드는 것이다.

둘째로 흔들의자의 문체는 정지와 동요가 일정한 법칙 안에서 규칙적으로 엇갈리는 문체다. 이 문체는 사색(정지)과 정열(동요)을 오가며 정과 동의 의식 상태를 반복적으로 보여 준다. 만일 이것이 반수면 상태의 잠자는 남자를 묘사한 강박증적인 작품이라면? 그것은 사색과 정열이 초침처럼, 피아노 위의 메트로놈처럼 반복되어 의도적으로 정신을 혼란스럽게 만든다. 속도감과 쉼표와 맥락 간의 부정합으로 인한 불안으로 찌든 문체다.

네 방에는 열기가 있었고, 네 양말 여섯 개가, 물컹거리는 상어들처럼, 잠든 고래들처럼, 분홍색 플라스틱 대야 안에 있었다. 네 기상시간에 맞추어 울리지 않았던, 물리지 않는, 울리지 않을 그 자명종. 너의 장의자 위에, 네 곁에다가, 펼쳐진 책을 내려놓는다. 너는 몸을 펴고 길게 눕는다. 모든 것이 둔탁함, 윙윙거림, 무기력이다. 너는 너 자신을 미끄러지게 내버려둔다. 너는 잠 속으로 빠져든다.

― 조르주 페렉, 『잠자는 남자』 중

저 많은, 쉼표들이 없었다면, 나는 저, 문체들이, 저 화자의 상태가, 몹시 불안,하고 물 잔 속의 진동처럼, 끝,없,이 흔들리고 있었다는 것을, 놓쳤을, 것이다.

셋째로 해먹의 문체는 유동하는 문체다. 정지해 있는 듯하지만 미세하게, 끊임없이 흔들린다. 이것은 왁자지껄한 소동을 표현하기에 좋다.

습하고 더운 바람이 불어오는 카리브해의 해안가 마을에서 해먹에 대롱대롱 매달린 채 읽다 만 책을 무릎 위에 덮어 놓고 누워 서서히 지는 노을을 보는 행복을 상상해 보라. 해먹은 오직 더운 지방에 신이 내려 준 선물이다. 원래 해먹은 습한 땅으로부터 통풍과 세균 감염을 막기 위해 만들어졌다. 아라카타카와 카르타헤나에서 십수 명의 가족이 부대껴 살아야 했기에 해먹은 가보의 가족에게 침대 대용품이자 필수품이었다.

해먹은 헛된 공상이나 하면서 게을러지라고 만들어 놓은 것이다. 현실에 발을 붙이지 말라고 말이다. 쉽게 말해 다 큰 어른의 요람이다. 어릴 때부터 할일 없이 해먹에서 낮잠 자는 것을 싫어했던 가보는 '성인聖人의 방'이라는 데서 자다가 좀 크고 나서야 해먹에서 잤다.

사실 해먹에서 자 본 사람은 알겠지만 나무 사이에 매달린 천 쪼가리에서 자기란 여간 불편한 일이 아니다. 해먹은 촘촘하지 않고 대충 짠 듯하여 함부로 몸을 뒤척일 수도 없고 머리를 박고 엎드려 잘 수도 없다. 허리 지지대도 없고, 어디에 머리를 두고 자야 할지 알기 어려우며, 그저 발 냄새가 덜 나는 쪽으로 고개를 돌리게 될 뿐이다. 무엇보다 등을 땅에 대지 않고 있다는 불안과 떠 있다는 안도감을 동시에 느끼게 한다. 그래서 해먹은 공중에 떠 있어서 미녀 레메디오스가 승천하는 것처럼 현실과 환상 사이에서 포롱포롱 날아오르는 낭만을 체험하게 해 준다. 승천, 그것은 비상의 체험이다. 즉 해먹은 이카로스 이후로 계속 도전해 온 인간의 오랜 꿈을 간접적으로 체험하게 해 준다.

이를테면 페르미나 다사와의 사랑이 좌절된 이후 마치 끈끈이주걱이나 파리지옥 같은 육식 식물처럼 먹이를 찾아다니는 플로렌티노 아리사를 떠올려 보자. 그는 쉰 살의 아우센시아 산탄데르나, 스무 살 연상의 암사자 레오나 카시아니나, 가짜 젖꼭지를 입에 물려야만 흥분이 진정되는 이상한 여자 사라 노리에나, 포악한 남편의 손에 목이 그여 죽임을 당한 올림피아 술래타가 아니면 만족하지 못한다. 그는 침대나 의자나 트롤리를 가리지 않고 마구 사랑을 한다. 그의 사랑은 아무 때고 걸치기만 하면 열리는 해먹의 사랑이다.

아라카타카의 어느 호텔에 걸려 있는 해먹

세상의 문체를 침대의 문체, 흔들의자의 문체, 해먹의 문체로 나누어 본다면 가보의 것은 해먹의 문체에 해당한다. 이것은 공중에 떠서 끊임없이 유동하는 문체로, 현실과 환상 사이에서 황홀하게 날아오르는 낭만을 표현하는 데 적합하다. 독자에게 최면을 걸기에 좋은 이 문체는 특히 라틴아메리카 작가들이 탁월하게 보여 주었다.

침대의 문체가 음탕함을 위한 것이고, 흔들의자의 문체가 불안을 위한 것이라면 과연 해먹의 문체는 무엇을 위한 것일까? 그것은 최면을 위한 것이다.

픽션을 쓰는 일은 일종의 최면이다. 나는 독자에게 최면을 건다. (⋯) 당신에게는 많은 못과 스크루 드라이버와 경첩이 필요하다. (⋯) 독자들이 꿈에서 깨지 않게 하기 위해. 나는 글쓰기가 목공 일이라고 생각한다. (⋯) 이야기를 하는 것과 픽션을 현실화하는 것은 이 목공 일 없이는 불가능하다. (⋯) 독자를 유혹하기 위해서는 그의 호흡 리듬을 장악해야 한다. 방해받지 않고 깨어나지 않게 해야 한다. (⋯) 나는 하나나 두 개의 형용사를 추가한다. 리듬을 깨지 않게 하기 위해. 독자들을 꿈에서 깨지 않게 하는 것이 바로 목공 일이다.

— 이브 빌런 외, 다큐멘터리 〈가브리엘 가르시아 마르케스〉 중

글쓰기에 대한 복종

나는 내 책을 다시 읽기가 두렵다. 그러나 그것은 작가의 의무다. (⋯) 나는 쓴 순서대로 내 책을 다시 읽는다. 나는 그 책들을 좋아한다. 하지만 나는 추후에 전혀 다른 책을 쓸 것이다. 나는 내 기억을 쓴다. 글쓰기를 다시 배운다.

— 이브 빌런 외, 다큐멘터리 〈가브리엘 가르시아 마르케스〉 중

가보에게 글쓰기는 살기 위한 몸부림이자 복종의 또 다른 방법이었다. 복종이란 무엇인가? 복종하는 자는 처절한 짝사랑의 주체이자 주종 관계의 을이다. 노예는 주인이 될 수 없다는 것을 알지만 주인의 사랑을 받기 위해 자신의 모든 것을 바친다. 하지만 주인은 가닿을 수 없는 저 북극성과도 같고, 노예는 찰나의 빛이라도 닮기 위해 몸부림친다. 몸부림을 치고 치다가 어느 순간 나와 너가 합일하는 순간이 오고 노예는 주인을 넘어선다. 이 과정은 평범한 인간들에게는 꿈을 통해서만 범접할 수 있는 일일지 모른다. 가보는 꿈을 깨지 말고 꿈을 기억하라고 말한다.

그는 일상의 고민을 구구절절 털어 놓으며 공감을 얻어 내는 친구라기보다는, 가끔 술 취한 정신에 올라타는 놀이동산의 회전목마 같은 사람이다. 그는 회전목마를 타면서 유니콘을 타는 경험을 해 보았다고 믿게끔 만든다. 한계 없는 상상력과 최면에 들게 하는 듯한 화술, 누구나 팔짱을 끼고 사진을 찍고 싶어 할 매력의 소유자이기에 나는 그를 사랑한다. 하필이면 온 국민이 힘들어하던 2014년에 세상을 떠나 한국에서만큼은 큰 이슈가 되지 못하고 영면한 가보를 그리워한다. 내가 외국의 서점에 갈 때마다 찾아보는 것은 여러 언어로 번역된 그의 책들이며, 그가 존경한 헤밍웨이, 포크너, 카뮈 옆에 나란히 서 있는 그의 사진을 발견했을 때는 내 돌아가신 외할아버지라도 만난 것처럼 기쁘다. 그래서 조용히 그들의 책 위에 가보 할아버지의 책을 살짝 얹어 둔다.

아니 내 기억은 조작되었다. 가보는 내 문학적 외할아버지이며, 그는 펄펄 끓는 얼음 인간이 되어 지구 어딘가에 보존되어 있다. 나는 영원히 깨지 않는 최면에 걸렸다. 나는 깨지 않기 위해, 그래서 세상에서 가장 멋진 시체가 되기 위해 싸워야 할 것이다. 언젠가 눈을 떴을 때 나만의 마콘도를 찾아 평생 바다 위에서 길을 잃었음을 알게 될 것이다. 지도와 망원경을 번갈아 보고 갈매기에게 길을 묻다가 어느 카리브해에 당도했음을 눈치챌 것이다. 거기서 나는 갑판에서 내려와 수평선을 가리키며 28개국 언어로 말할 것이다. "여기 좀 봐, 이곳은 바람이 너무 산들거려서 해먹 위에서 잠을 자고 있는 듯하군. 여기 좀 보라구. 카리브해를 비추는 태양에 가려져 노란 꽃들이 어느 쪽을 보는지 모르겠는 곳 말이야. 그래 바로 저곳이 마콘도야."*

대속에 대한 열망

누군가 스스로 목숨을 끊으면 사후 심리 부검이라는 것을 통해 정확한 사인을 찾으려 한다. 사자가 남긴 족적을 통해 죽음의 결정적 증거를 찾아내는 것은 탐정이나 부검의만의 몫은 아니다. 나는 『백 년의 고독』에서 미스터 허버트가 돋보기를 사용해 마콘도 곳곳을 파헤쳤듯이 가보의 작품과 인생에 관해 심리적으로 부검해 보려고 한다. 이것은 작가의 무의식을 파헤치는 작업이다.

* 가보의 단편소설 「물에 빠져 죽은 이 세상에서 가장 멋진 남자」의 마지막 단락을 변용한 것이다.

가보가 작품 곳곳에 남긴 힌트를 찾기 위해 내가 돋보기로 삼으려는 것은 바로 그리스신화다. 어린 시절부터 그리스신화에 푹 빠진 그는 감금, 근친상간, 대속, 자살 등 신화적 설정을 자신의 작품 전반에 의도적으로 가져왔다. 그래서 우리는 가보의 작품을 읽을 때 신화에서 본 것 같은 기시감으로 여러 타래를 만들 수 있고, 그것이 독서 중에 켜켜이 쌓여 있다가 하나로 모아질 때 쾌감을 느끼게 된다. 그의 작품이 단순히 화려한 말장난이 아니라 웅장한 예술 작품으로 느껴지는 것은 바로 신화에 숨겨진 인간의 보편적인 심리를 건드리기 때문이다. 그것은 인간 정신의 원형과 변신에 대한 열망이다.

작가들은 작품을 통해 단죄와 정죄와 속죄를 거듭한다. 자신을 괴롭힌 사람의 이름을 악인 캐릭터에게 붙여 주기도 하고, 잘못한 일을 작품을 통해 고백하기도 하며, 좌절과 시련의 이유를 작품 속에서 스스로 묻기도 한다. 가보는 살인을 저지른 외할아버지를 대신해 망자와 유족들에게 속죄하는 마음으로 푸르덴치오 아킬라를 창조해 냈을 것이다. 푸르덴치오 아킬라를 살해한 호세 아르카디오 부엔디아와 그의 아들 아우렐리아노 부엔디아 대령은 밤나무 밑에서 고독한 최후를 맞는 것으로 속죄한다. 그렇게라도 해서 가보는 선대의 죄를 대신 갚고 비극적 운명의 사슬에서 탈출하고 싶었을 것이다.

대속은 그리스신화에서 그다지 낯선 일이 아니다. 가보가 가장 좋아한 그리스신화의 인물이 대속의 아이콘인 안티고네임을 상기해 보자. 코미디의 대가가 희극이 아닌 비극의 인물을 사랑한다는 것은 뜻밖일 것이다. 그것도 오이디푸스가 아니라 안티고네라니?

안티고네는 아버지 오이디푸스가 신탁에 따라 선왕인 아버지 라이오스를 죽인 뒤 어머니 이오카스테와 동침해 낳은 딸이다. 이름에 '안티'라는 말이 들어간 것을 보면 알 수 있듯이 그녀는 '거스르는 자' 혹은 '길 안내자'라는 의미를 지닌다. 안티고네가 거스른 것은 테베의 왕이자 외숙부인 크레온의 명이다. 그녀의 두 오빠인 폴리네이케스와 에테오클레스가 왕위 다툼을 벌이다 전사하자 크레온은 에테오클레스의 장례는 치러 주면서 테베를 침공한 폴리네이케스의 시신은 손도 대지 말 것을 명한다. 안티고네는 오빠 폴리네이케스의 시신을 거두어 장례를 지냈다가 발각된다. 그녀가 감금생활 중에 자살하자 여동생 이스메네, 연인이자 크레온의 아들인히메온, 크레온의 아내인 에우리디케까지 줄줄이 목숨을 끊는다.

여기까지만 보더라도 가보의 『백 년의 고독』에 등장하는 소재와주제가 안티고네, 오이디푸스의 비극과 상당 부분 겹치는 것을 알수 있다. 이오카스테는 조카와 근친상간을 한 뒤 돼지 꼬리 달린 아이를 낳고 죽은 아마란타 우르술라를, 히메온은 레베카와의 결혼실패로 자살한 연인 피에트로 크레스피를, 오이디푸스의 살부 행위를 예언하고도 쫓겨난 테이레시아스는 영생의 비결을 알아냈으나외롭게 죽어 간 예언가 멜키아데스를 떠올리게 한다.

가보의 데뷔작이자 『백 년의 고독』의 원형인 『썩은 잎』에서는 안티고네와 오이디푸스 신화가 더 노골적인 상징으로 드러난다. 마콘도의 유일한 의사가 어느 날 자살한다. 그는 핀에 찔려 발이 부은 오이디푸스처럼 절름발이로서, 대령의 친구다. 대령은 자신의 목숨을 구해 준 의사에게 그가 먼저 죽으면 장례를 치러 주겠다고 약속한 바 있다.

그런데 마을의 사제는 크레온이 그러했듯 사람들에게 의사를 매장하지 말라고 한다. 마콘도가 외부 침입을 당했을 때, 그가 부상자 치료를 돕지 않았기 때문이다. 하지만 대령과 대령의 딸 이사벨, 그녀의 어린 아들은 의사를 묘지로 데려가기로 하고 밖으로 나가면서 소설은 끝난다.

마콘도의 권력자인 마을 사제의 뜻을 거스르는 이들의 모습은, 세간의 시선에 아랑곳하지 않고 소경 아버지의 길 안내자로 살고 죽은 오빠를 묻어 주는 등 가족을 위해 자신을 희생한 안티고네를 재현한 것이다. 안티고네는 근친상간의 결과이자 피해자이면서도 가족들의 업보를 갚기 위해 그들 대신 속죄했다. 그녀는 신의 노여움을 잠재우기 위해 희생 제물이 되어야 했던 그리스신화의 안드로메다와 이피게네이아 같은 여성들보다 훨씬 자주적이고 강인하다. 그녀는 죽음을 무릅쓰며 강력한 왕권에 대항한, 양심과 사랑의 본성을 가진 영웅이다. 마찬가지로 『썩은 잎』의 세 주인공은 의사의 시신을 거두어 주는 대속 행위를 통해 마콘도에 만연한 공포와 혐오를 씻어 내고 마콘도를 바나나 열풍 이전의 시기로 되돌리려 애쓰고 있음을 알 수 있다.

폴리네이케스의 시신을 거두는 안티고네

안티고네는 왕위를 둘러싸고 쌍둥이 형제와 결투를 벌이다 전사한 폴리네이케스의 장례 문제로 테베의 왕인 크레온과 대립하다 사형 선고를 받고는 감옥에서 끝내 자결하고 만다. 안티고네의 대속적 죽음은『백 년의 고독』에서 오랜 세월 밤나무에 묶여 있다가 고독한 최후를 맞이한 호세 아르카디오 부엔디아와 아우렐리아노 부엔디아 대령을 통해 선대의 죄를 대신 갚고자 했던 가보의 열망과 오버랩된다. 이 그림은 그리스 화가인 니키포로스 리트라스가 1865년에 그린 것이다.

변신에 대한 열망

젊은 시절 카프카의 『변신』을 읽고 충격을 받았던 탓일까? 아니면 변신이 단골로 등장하는 신화를 탐독한 탓일까? 죽기 직전 아기처럼 쭈그러든 우르술라나 새우처럼 꼬부라진 레베카, 젊어진 모습으로 돌아간 페르난다와 꼬리부터 돼지로 변한 가문 최후의 인간까지 『백 년의 고독』에는 다양한 변신 이야기가 존재한다.

나를 가장 사로잡은 변신은 미녀 레메디오스의 승천이다. 『백 년의 고독』에 많은 수수께끼가 있지만 그녀의 마지막 변신만큼 흥미로운 미스터리는 드물다. 왜 그녀는 갑자기 하늘로 올라가 공기로 변했을까? 가보가 미녀 레메디오스를 통해 비의도적으로 말하려던 것은 무엇이었을까? 왜 그녀의 생은 죽음으로 간단히 처리되지 않고 인간의 변신 욕망이 꿈틀대는 코믹한 방법으로 끝나야 했을까?

미녀 레메디오스는 공교롭게도 아마란타에게 어이없게 독살당한 레메디오스와 이름이 같다. 레메디오스는 레베카가 마셔야 할 아편 커피를 잘못해서 마신 뒤 아우렐리아노 부엔디아 대령과 결혼을 앞두고 세상을 떠난 여인이다. 그리고 2세대가 흘러 미녀 레메디오스가 산타 소피아 드 라 피에다에게서 태어난다. 성녀라는 이름만큼 잘 교육받고 품성이 반듯한 어머니와 달리, 미녀 레메디오스는 얼굴은 예쁘지만 거의 백치에 가깝고 본능대로 살면서 많은 남성들을 홀린다. 그런 그녀를 질투한 이는 저 옛날 연적인 레베카를 죽이려고 했던 아마란타다. 아마란타가 자신의 증오를 억눌러 가며 미녀 레메디오스를 바느질 방에서 내쫓지 않았다면 그녀의 운명은 바뀌었을지 모른다.

마콘도 사람들이 그녀를 모자란 사람처럼 취급할 때 단 한 사람만이 다른 관점을 가졌다. 그는 죽은 레메디오스와 결혼할 뻔한 아우렐리아노 부엔디아 대령이다. 그는 미녀 레메디오스에게 남다른 능력이 있다고 느꼈지만 정확히 알지는 못한다. 그 능력은 아폴리온도 서러워할 만큼 가공할 만한 파괴의 능력이다.

'치료remedy'라는 뜻을 지닌 이름의 어원과는 반대로 미녀 레메디오스는 의도하지 않게 마콘도에 상처와 파괴의 씨를 뿌렸다. 그녀는 향기와 미모로 많은 남자들을 죽음에 빠뜨렸다. 그녀가 카니발의 여왕으로 뽑힌 날 마콘도에는 학살 사건이 일어났으며, 그 광란의 도가니 속에서 그녀의 쌍둥이 동생 아우렐리아노 세군도는 타향의 여왕 페르난다를 만나는데, 그들은 훗날 돼지 꼬리 달린 아이를 낳은 뒤 자신과 가문 전체를 파멸할 아마란타 우르술라를 잉태한다. 미녀 레메디오스를 중심으로 마콘도에 나비효과처럼 불행이 번져 나갔으나, 정작 그녀는 근친상간의 고리를 끊고 하늘로 날아간다.

중요한 것은 그녀의 등장과 승천 시기다. 그녀는 레메디오스가 부활하듯이 성녀의 몸을 통해 6세대의 딱 중간 시기에 태어났다. 그리고 마콘도가 마지막 불꽃을 태운 번영기 직전에 예수처럼 승천해 버린다. 그녀가 세상을 뜬 것은 권력욕, 물욕, 색욕에 물든 남자들이 하나둘 마콘도를 떠나간 뒤다. 마콘도가 바나나 열풍에 휩싸이자 아우렐리아노 부엔디아 대령을 필두로 남자들은 문명 세계로 떠나간다. 그녀만이 바나나 열풍과 근친상간의 광기에 흔들리지 않은 유일한 사람이다. 그녀는 부엔디아 가문의 광기를 통해 역으로 절제를 배운 산타 소피아와 우르술라의 노력 덕분에 금욕적인 삶을 살다 세상을 떠난다. 그때 마콘도 사람들은 광기를 멈추어야 했다. 하지만 그들은 돈과 색에 눈이 멀었던 선대의 잘못을 되풀이한다.

또 그녀가 승천한 오후 4시는 뜬금없는 시간이다. 일어났다면 너무 늦은 시간이고, 하루를 정리하기에는 너무 빠르다. 하루 중 가장 붕뜬 시간이다. 하지만 엉뚱한 취미 생활을 하거나 한가롭게 누군가를 기다리기에 적당한 시간이다. 그래서 오후 4시에 레베카는 연인 피에트로 크레스피가 오기를 기다리며 수를 놓았고, 아우렐리아노 부엔디아는 테라스에 나가 언제 올지 모를 장례 행렬을 기다렸다. 생각해 보면 오후 4시는 기분이 좋다며 사람이 갑자기 하늘로 붕 뜨기에 가장 적당한 시간인지 모른다.

마콘도에서 일어난 가장 엉뚱한 사건 중 하나인데도 미녀 레메디오스의 승천은 작가나 등장 인물들에 의해 미화되지도 폄하되지도 않는다. 4년 11개월 이틀 동안 내린 폭우로 인해 물고기들이 공중에 떠다니던 것처럼 마콘도에 일어난 수많은 마술적 사건 중 하나로 스쳐 지나갈 뿐이다. 게다가 그녀가 사라진 이후 마콘도는 파멸은커녕 훨씬 더 번창하는 것처럼 보인다. 하지만 번성의 끝에 갑자기 찾아온 불행은 더 큰 낙차를 일으키며 마콘도 주민들의 마음을 후려친다.

어쩌면 미녀 레메디오스는 멜키아데스도 할 수 없었던 예언과 아우렐리아노 부엔디아 대령도 끝낼 수 없었던 전쟁, 그리고 가장 진화된 여성이었던 아마란타 우르술라도 할 수 없었던 사랑을 모두 할 수 있었던 백치 천재였는지 모른다. 그녀야말로 신탁을 옆을 수 있는 인물, 그래서 마콘도의 코끝에 닥친 불행을 치유할 수 있었던 마지막 인물이었는지 모른다.

가보를 좋아하는 이유

다시 돌아온 보고타는 비가 와서 춥고 스산했다. 1943년 오후 4시, 가보가 보고타의 사바나역에 홀로 도착했을 때도 잿빛 도시에는 비가 추적추적 내리고 있었다. 춥고 비 오는 도시에서 느낀 두 가지는 고독과 향수였다.

서울로 돌아가는 서른여섯 시간의 비행을 준비하면서 그때까지 어떤 이유에서 버리지 못하고 있던 두꺼운 겨울 점퍼를 드디어 버렸다. 이제 콜롬비아를 떠나면 모든 것이 영원히 사라질 것이라는 사실을 알았다. 해먹에 매달려 자고 있는 사람들이나, 뒤뚱거리는 당나귀, 더러운 마그달레나강에서 목욕하는 사람들, 망고나무에 올라가 나무를 흔들어 대는 소년들과 쉭쉭 소리를 내며 강에서 뭍으로 올라오는 거대한 이구아나들을 더 이상 보지 못하리라는 것을 알았다. 내가 마콘도를 보았다는 것을 누구도 믿어 주지 않으리라는 것을 알았다. 하지만 구토와 두통을 일으킬 만큼 강력한 환영을 본 것 같은 그 느낌은 내가 증명할 수 없어도 어딘가에 실재하는 신기루를 나만 알고 있다는 비밀스러운 기쁨을 주기에 충분했다.

이쯤에서 스스로에게 다시 묻는다. 왜 가보인가? 질문에 대한 답이 질문으로 돌아온다. 20세기 후반을 대표하는 여러 작가 중 단 한

가보의 얼굴이 그려져 있는 마콘도호텔

『이야기하기 위해 살다』라는 자서전의 제목처럼 가보는 살기 위해 글을 쓴 것이 아니라 글을 쓰기 위해 살았던 작가다. 글쓰기에 복종한 삶. 그것은 바로 그만의 마콘도를 찾아가는 여정과 다름없었을 것이다.

편의 작품만 가지고도 거대한 세계관이 꿈틀거리는 듯한 사람은 누구인가? 저마다 저명한 평론가의 이론 한 줄에 등장하기 위해 경쟁하듯 문학을 실험하는 사이, 외로이 죽어 가던 소설의 목덜미를 잡고 살려 낸 작가는 누구인가? 한국과 정반대에 위치한 낯선 땅에 대한 환상을 이만큼이나 채워 준 작가는 누구인가? 때로는 자신이 누군가를 미치도록 좋아하지만 이유를 끝끝내 알 수 없을 때가 있다. 어쩌면 이유를 알지 못한 채 좋아한다는 것이 진정한 사랑인지도 모른다. 나는 저 질문에 대한 대답을 한마디로 할 수 없어서 대차대조표를 적듯이 그에 대한 메모를 하고는 했다.

— 그는 능구렁이 같은 작가다. 입담도 입담이지만, 그 능청을 따를 자가 없다. 연애 이야기를 하는가 싶다가도, 어느새 플로렌티노 아리사의 독서광 시절 이야기로 넘어간다. 마치 할머니가 손자에게 옛날이야기를 해 주는 것 같다.
— 폭포 같은 말솜씨로 바느질 자국 없는 이야기를 드리블한다.
— 그의 이야기에는 해프닝이 연속된다. 수백만 개의 영화 예고편을 보는 듯하다. 그는 혼자서 한창 떠들다가 '아까 무슨 얘기를 하고 있었더라?'고 말하는 것 같다.
— 그는 끝을 알고 싶지 않은 작가다. 영원히 그의 이야기 속에서만 머무르고 싶게 한다.
— 그는 완벽주의자나 강박증 환자의 글을 읽을 때 같은 피로감을 주지 않고 문장마다 행복을 준다.
— 그는 솔직하다, 지나치게.

— 그의 글은 매 순간 축제와도 같다. 그 이야기는 우울하던 내 삶을 비추는 태양과도 같다. 가보는 나의 우울증, 짜증 치료 전도사다. 화가 잔뜩 난 내 옆에서 다독이며 유머를 섞어 자근자근 이야기를 읊어 준다.

— 그는 진정한 연금술사다. 그의 손끝에서는 죽어 있던 재도 금가루처럼 황홀하게 날린다.

— 그의 글은 풍자적으로 그린 로코코 시대의 그림 같다.

— 한 감정에 처절하게 사로잡혀 독자를 내버려 두고 가지 않는다.

— 독자들은 대개 작가가 남긴 위대한 한 줄을 찾아 행간을 정신없이 돌아다닌다. 또한 대부분의 작가들 역시 흘린 척했으나, 실은 꽁꽁 뭉쳐 놓았던 눈 뭉치를 흘리듯이 짐짓 격언들을 자기 글 안에 던져 놓는다. 그러나 가보는 일부러 격언을 흘리지 않는다. 그는 삶의 태도와 행동을 통해 보여 준다. 그래서 그의 문장들은 하나씩 옮길 수 없다. 풀 한 포기가 아니라 거대한 산이기 때문이다.

— 가보는 낭만주의자다. 낭만은 평면적 서사에 시간을 더하고 속도를 곱하여 이야기에 입체성을 입힌다. 하지만 안을 자세히 들여다보면 '금기의 사랑'이라는 흔해 빠진 모티프에 살을 입혔을 뿐이다. 내게는 그런 것이 굉장히 낯간지럽다. 그럼에도 『콜레라 시대의 사랑』은 귀엽고 사랑스럽다. 모든 소설이 다 장엄할 필요는 없다. 매번 설명적일 필요도, 의미가 있을 필요도 없다. 그것이 바로 '매력'이라는 것이 아닐까?

— 그와 세르반테스는 비슷하지만 많이 다르다. 둘은 유머라는

같은 장신구를 착용했을 뿐이다. 망상이라는 같은 옷을 입었을 뿐이다. 하지만 세르반테스가 개인의 망상을 통한 원맨쇼를 선보였다면, 가보는 집단의 망상을 구현함으로써 세계를 설득했다. 망상을 집단화했다는 것, 하지만 그것을 한 대륙의 미신으로 끝내지 않고 보편 세계의 꿈으로 확대했다는 것, 이 것이 한 개인의 과대망상이 아니라 미신과 부적을 경멸할 법한 서구의 합리적인 교육을 받은 지식인들마저도 납득시키는 과정이 놀라울 따름이다.

아디오스, 가보!

가보의 마법에 걸려

2015년, 출판사로부터 이 기행 평전의 집필을 제안받았을 때, 내 머릿속에 처음 떠오른 작가는 가보가 아니었다. 내게는 헤르만 헤세, 아베 고보, 다자이 오사무, 장 주네, 이탈로 칼비노, 조르주 페렉, 주제 사라마구 등과 같은 쟁쟁한 후보들이 있었기 때문이다. 가보에게 도착하기까지 나는 수많은 문학과 음악, 미술 등의 작품을 헤엄쳐 다녀야 했다. 내 기준에 '좋은 작가'는 책을 다 읽고 난 뒤 혹은 그 중간에라도 '내가 글을 쓰고 싶어 견딜 수 없게 만드는 작가'다. 그런 유의 작가들은 '이렇게 막 나가도 되나?' 싶을 정도로 너무나 글을 쉽게 쓰지만 단 한 번도 보지 못한 풍경을 선사한다. 그야말로 독자는 한여름 밤, 한강 위의 폭죽놀이처럼 입을 벌리고 그 진풍경에 속수무책으로 바라볼 수밖에 없다. 가보는 바로 그런 작가다.

　나는 그를 통해 라틴아메리카 문학을 좋아하게 되었고, 콜롬비아가 단지 커피와 마약의 나라가 아님을 알게 되었다. 그로 인해 6개월 넘게 라틴아메리카 대륙을 여행할 만큼 그곳을 사랑하게 되었으며, 그곳 출신의 작가들 하나하나가 온전한 하나의 대륙임을 알게 되었다. 나는 내가 사랑해 마지않던 모든 작가를 밀어내고 가보를 선택했을 때, 앞으로 내가 할 모든 선택이 옳을 것이라고 확신했다.

　처음에 『백 년의 고독』을 읽었을 때, 반복되는 이름과 이야기 구조 때문에 머리가 어지러웠다. 글을 쓰기로 마음먹었을 때 『이야기하기 위해 살다』 2, 3권을 연달아 낸다고 해 놓고 타계해 버린 작가를 원망하기도 했다. 그래서 나는 미완으로 남은 『이야기하기 위해 살다』를 대신 쓴다는 마음으로 이 글을 시작했다. 텍스트만으로 채워지지 않는 부분은 개인적인 두 차례의 여행으로 채웠다.

　첫 콜롬비아 여행은 2008년 5월에 했다. 산타마르타를 거쳐 카르타헤나, 보고타, 산아우구스틴, 포파얀으로 이어지는 여정이었다. 자연환경으로는 칠레, 아르헨티나, 베네수엘라에서 압도당했고, 유적지로는 페루, 볼리비아, 멕시코 등에서 라틴아메리카의 깊이를 느꼈기 때문에 10년이 지난 지금 콜롬비아와 관련한 멋진 장면은 별로 남아 있지 않다. 나는 단지 가보를 보기 위해 콜롬비아를 거쳐 갔을 뿐이었다.

　2018년 6월, 다시 콜롬비아로 갔을 때 나는 10년 사이의 변화를 느껴 보고 싶었다. 하고 있던 모든 것을 손에서 놓았다. 내가 도착한 6월의 보고타는 예상과 많이 달랐다. 보고타를 시작으로 메데인,

카르타헤나, 산타크루즈데몸포스, 바랑키야, 아라카타카, 산타마르타, 리오아차, 산안드레스섬 등 약 한 달간 아홉 개 도시를 여행하면서 가보의 어린 시절과 청년기를 함께했다. 그리고 단 몇 개의 문장만으로도 사람을 행복하게 만드는 그의 마법에 걸리고 말았다.

변한 것과 변하지 않은 것

여행이 끝나면 종종 몸에 이상이 생긴다. 여행지에서 돌아온 지한 달 만에 원인 불명의 알레르기가 찾아왔다. 단순히 여름에서 가을로 넘어가는 계절적인 변화 때문만은 아니었다. 나는 탈피하는 변온동물이라도 된 것처럼 온몸이 가려웠다. 정수리부터 발가락 끝까지 가려워 죽기 직전이었다. 차라리 죽는 것이 낫다는 생각이 들정도로 매일 찾아오는 가려움은 한 달이나 나를 괴롭혔다. 그러다가 초겨울이 되어서야 그 가려움에서 조금 해방될 수 있었다. 그것은 단순히 환절기 알레르기가 아니었다. 탈일상에서 일상으로 돌아오는 과정 중의 몸살 같은 느낌이었다.

여행은 단지 지축의 변화만을 의미하지는 않는다. 나는 분명히 변했다. 동시에 변하지 않았다. 콜롬비아에 아직도 내 영혼의 일부가 남아 있는 기분이 든다. 그리고 그 영혼이 콜롬비아의 어느 한 구석을 떠돌면서 마치 내 외할아버지의 고향을 방문한 느낌이다. 무척 더웠고 힘든 2018년, 적도의 여름이었다.

가보에 대한 글을 쓰는 것은 내게 한 무더기의 산을 이쪽에서 저

쪽으로 옮기는 일이나 마찬가지였다. 가보의 작품들은 결국 『백 년의 고독』으로 통한다는 것을 알았다. 백이면 백, 전혀 다른 책을 쓰고자 노력하는 작가들이 있는 반면, 가보는 평생 오직 『백 년의 고독』을 쓰려고, 아니 더 나아가 마콘도를 그려 내려고 무제 1, 무제 2, 무제 3 식으로 끝없이 반복해서 고쳐 쓰는 작가에 가깝다. 그래서 이 작품에 나온 인물이 저 작품에서 다시 등장하는 일이 빈번하다. 그러다 보니 나는 『백 년의 고독』을 교과서로 삼고, 『이야기하기 위해 살다』를 답지로 삼고, 제럴드 마틴이 17년에 걸쳐 완성한 공식 전기인 『가브리엘 가르시아 마르케스』를 수험서로 삼아 무던히 읽어 내려갈 수밖에 없었다. 그만큼 이 책의 많은 부분을 저 세 권의 책에 의지했으나 편집 사정상 제대로 인용하지 못한 것이 아쉬울 따름이다.

어느 순간 『백 년의 고독』을 읽는 가장 좋은 방법은 반복이라는 사실을 알았다. 『백 년의 고독』을 다양한 방식으로 읽었다. 레베카의 죽음부터 시작되는 후반부터 읽어 나가 되돌아오기도 했다. 누가 누구의 손자인지, 아들인지, 고모인지 헷갈리는 과정을 거쳐 6대에 걸친 복잡다단한 부엔디아가의 계보가 어느덧 손바닥 안에 들어오게 되었다. 그래서 코끼리가 아우렐리아노 세군도와 먹기 대결을 할 때 먹어 치운 오렌지 개수가 50개이며, 마신 커피가 8리터라는, 전혀 몰라도 되는 사실까지 파악하기에 이르렀다.

15년 전에 읽고 A4 15쪽으로 끝낸 『백 년의 고독』에 대한 메모는 이제 93쪽으로 늘었다. 『이야기하기 위해 살다』는 23쪽에서 62쪽으로 늘었다. 복사나 텍스트 변환과 같은 쉽고 빠른 방법이 있지만 나도 모르게 키보드로 다 쳐 버렸다. 심지어 나도 모르게 가보의 문체를 흉내 내서 500매 가까운 소설을 쓰다 버렸다. 뭐든 쉽게 질리고 변덕을 일삼는 내가 지난 3년간 한 번도 흥미를 잃지 않고 오로지 한 사람만을 위해 진득하게 읽고 쓸 수 있었던 것은 소설이 가진 원초적인 재미 때문이었다. 사실 이 책에 쏟은 대부분의 시간은 독서, 자료 수집, 암기, 외장 하드 고장으로 인해 데이터를 날린 데 대한 번민과 애도를 위한 기간이었고, 실제로 여행한 기간과 집필한 기간을 합치면 대략 8개월 정도다. 하지만 정말 고단한 시간이었다. 굳이 이렇게까지 할 필요가 있냐 싶을 정도의 집요함이었다.

끝으로 내가 수많은 작가의 기획안을 엎을 동안 참을성 있게 기다려 준 아르테출판사, 국내에서 찾아보기 힘든 고급 번역으로 라틴아메리카에 대한 목마름을 채워 주고 계신 송병선, 우석균, 권미선, 조구호 선생님, 그리고 전기를 쓰는 것이 소설을 쓰는 것보다 열일곱 배는 어렵다는 것을 알려 주신 제럴드 마틴 작가에게 감사와 축복을 함께 보낸다. 이제 긴 한숨과 함께 기꺼이 여기서 손을 떼려 한다. ADIOS, GABO!

가르시아 마르케스 문학의 키워드

01 카리브식 유머

가보는 에스파냐어권에서 마마갈리스타mamagallista, 즉 익살의 대가이자 남미의 마크 트웨인 혹은 20세기의 세르반테스라 불린다. 이는 카리브인 특유의 낭만과 유머를 약장수의 교묘한 화법으로 녹여 낸 그만의 독특한 화법 때문이다. 그는 자기 이야기에 취한 사람처럼 농담인지 진담인지 모를 장황한 이야기를 악사의 리듬으로 풀어낸다. 그가 방 안에 물고기들이 날아다니고, 물그릇의 물이 갑자기 끓어서 수증기가 되어 날아가며, 아기 바구니가 저절로 움직이면서 방 안을 한 바퀴 돈다고 이야기할 때, 우리는 알면서도 속는 희극의 관객이 되어 버리고 만다. 그의 유머는 웃음의 포인트와 규칙이 확실하여 박장대소를 유발하는 유머라기보다는, 4년 11개월 이틀 동안 계속해서 내리는 장맛비와 같은 유머다. 그것은 어느 틈에 사람을 흠뻑 젖게 만들고 끝내는 그놈의 장마에서 영원히 벗어나고 싶지 않게 만든다.

카리브해 사람들.

02 마술적 사실주의

마술적 사실주의는 전통적인 플롯, 인물, 서술 방식을 따르지 않는 20세기의 새로운 사실주의를 일컫는다. 라틴아메리카 문학은 서구의 전통적인 리얼리즘을 재해석하여 제3세계 문학을 탄생시켰는데, 이는 신화적이고 초현실적인 기술을 통해 마치 현실을 마술처럼 재창조하는 특징을 지닌다. 현실을 직접적으로 묘사하는 대신 우회적이고 비유적으로 그것을 비판한다. 마술적 사실주의의 가장 큰 특징은 환상성인데, 이는 환상 문학처럼 일정한 형식을 따르지 않기 때문에 '끓는 얼음'으로 대표되는 예외적인 상황과 결론으로 이어지는 일이 빈번하게 나타난다. 대표적인 작가로는 가보를 비롯하여 미하일 불가코프, 마리오 바르가스 요사, 이탈로 칼비노, 살만 루시디 등이 있다.

03 마콘도

마콘도는 가보의 문학 전반에 등장하는 이상향의 마을이다. 원시 마을 부락의 형태를 띤 마콘도는 가장 질서 있고 열심히 일하는 곳, 죽은 사람도 없고 모두 행복하기만 한 곳이었으나 바나나 회사로 대표되는 서구 자본의 침입으로 인해 서서히 무너진다. 아우렐리아노 부엔디아 대령을 필두로 한 마콘도 사람들은 수년에 걸쳐 마을의 침입자를 몰아내기 위한 전쟁을 일으키지만 많은 희생과 피해를 낳고 허무하게 끝나고 만다. 부엔디아 대령 자신도 전쟁의 트라우마를 겪고 은둔의 세계로 빠지면서 마콘도는 영원한 고독 속에 침잠한다.

라틴아메리카에서 흔히 볼 수 있는 마콘도라는 이름.

04 고독

『백 년의 고독』에서 마흔여덟 번 이상이나 등장하는 '고독'은 마콘도 주민, 나아가 라틴아메리카를 대표하는 단어다. 고독은 다시 말해 타자들의 고독을 의미한다. 자급자족하면서 세상에서 가장 행복했던 마을 마콘도가 주변부로 밀려나게 된 본격적인 사건은 집단 불면증이다. 마을 사람들은 50시간 넘게 잠을 자지 못하면서 같은 말과 행동을 반복하며 집단적으로 과거를 망각하게 되고 백치화된다. 아우렐리아노 부엔디아 대령이 작은 황금 물고기를 세공하는 데 집착하고, 아마란타가 자신이 죽고 난 뒤에 입을 수의를 짓는 데 열중하고, 호세 아르카디오가 양피지를 읽는 데 매달린 이유는 그것이 불면증에 걸린 마콘도 사람들이 고독을 이기기 위한 유일한 방법이었기 때문이다.

05 바랑키야 그룹

바랑키야 그룹은 가보가 문학인으로 다시 태어나게 해 준 문화예술인 그룹이다. 가보는 1950년부터 약 4년간 스페인 출신의 망명 시인 돈 라몬 비녜스의 문도서점에서 그의 문학적 동료들을 만났다. 이 그룹의 초기 멤버들로는 헤르만 바르가스, 알폰소 푸엔마요르, 알바로 세페다 사무디오 등이 있다. 그들 덕분에 가보는 라틴아메리카의 어떤 문학 그룹보다 훨씬 앞서 윌리엄 포크너, 버지니아 울프, 어니스트 헤밍웨이, 호르헤 루이스 보르헤스의 책을 접하며 문학적 기반을 다지게 되었다.

가보를 작가로
만들어 준
바랑키야 그룹.

06 반복

『백 년의 고독』속의 이야기 구조와 서사 방식은 독특하다. 이것은 쉽게 말해 반복의 이야기다. 『백 년의 고독』은 전통 소설과 달리 구체적으로 명시하지 않은 시간과 이름만 비슷하게 바뀐 채 변주되는데, 등장인물들의 이름에서도 쉽게 찾아볼 수 있다. 끝없이 반복되는 한 편 한 편의 이야기는 소설의 마지막에서 도돌이표를 확실히 찍으며 처음에 등장한 양피지의 세계로 돌아간다. 이러한 나선형적 순환 구조는 영원회귀의 주제 의식과 맞물리며 소설의 완성도를 높이는 데 일조한다.

07 기다림

『백 년의 고독』『아무도 대령에게 편지하지 않다』『콜레라 시대의 사랑』 등 가보의 작품에 나오는 인물들은 무엇인가를 기다린다. 『백 년의 고독』에서 우르술라는 돌아오지 않는 아들 아우렐리아노 부엔디아 대령을, 마콘도 주민들은 기차를, 메메는 연인 마우리시오 바빌로니아를 기다린다. 『아무도 대령에게 편지하지 않다』의 대령은 연금을 하염없이 기다리고, 『콜레라 시대의 사랑』의 플로렌티노 아리사는 페르미나 다사를 51년 9개월 4일간 기다린다. 스페인어로 'esperar'는 기다리다, 희망하다는 뜻을 가지고 있는데, 기다림은 곧 이들에게 희망, 즉 인생을 살아가는 이유이기도 하다.

기다림의 이야기 『콜레라 시대의 사랑』의 배경인 우체국.

1899 천일전쟁이 일어나다

1899년 10월 17일부터 1902년 11월 21일까지 총 1,130일간 콜롬비아에서는 자유당과 보수당 사이에 내전이 벌어졌다. 자유당은 반교권주의, 자유주의, 연방주의를 내세웠고, 보수당은 중앙집권주의, 보호주의를 표방했다. 전쟁의 결과 10만 명이 희생되고, 파나마가 독립국으로 분리되었다. 1903년에 자유당이 집권하지만 40년 뒤인 1946년에는 다시 보수당이 집권하는 등 양당은 엎치락뒤치락하며 대립을 이어 가다가 1990년대에 정점을 찍었다. 자유당을 지지한 가보의 외할아버지 니콜라스 리카르도 마르케스 메히아 대령과 보수당을 지지한 아버지 가브리엘 엘리히오 가르시아의 대립 또한 양당 대립의 연장선상에 있었다. '사실이 아닌 것은 쓰지 않는다'는 가보는 천일전쟁에 참전한 외할아버지의 경험을 바탕으로 대서양 연안 지역 군수 사령관이자 마콘도 마을의 리더인 아우렐리아노 부엔디아 대령이라는 인물을 창조해 냈다.

천일전쟁.

1927   3월 6일, 가보는 콜롬비아 북부 카리브해의 아라카타카라는 작은 마을에서 태어났다. 아버지 가브리엘 엘리히오 가르시아는 전신 기사 출신의 떠돌이 약사였고, 어머니 루이사 산티아가 마르케스 이과란은 수도원에서 모범생으로 곱게 자란 전형적인 요조숙녀로, 부드러운 카리스마로 가족들을 지배했다.

1928 바나나 학살 사건이 일어나다

  미국 유나이티드프루트컴퍼니가 시에나가에 세운 바나나 농장의 열악한 노동 조건에 분노해 파업한 노동자들 400여 명이 학살되어 바다에 버려진 사건이다. 어린 시절 아라카타가의 외조부모의 집에서 자란 산 가보는 외할아버지로부터 이 사건에 대해 천 번도 넘게 들었다. 무시무시한 뙤약볕 아래 영문도 모른 채 죽어 나간 수천 명의 목숨들, 그 이미지는 가보의 인생을 완전히 지배했다. 그 결과물이 바로 『백 년의 고독』이다.

바나나 농장 노동자 파업을 주도한 인물들.

1937 콜롬비아 내전에 대해 귀가 닳도록 들려주며 어린 가보에게 많은 영향을 끼친 외할아버지가 세상을 떠났다.

1940 바랑키야에 있는 예수회 소속 산호세중고등학교에 들어갔다.

1943 장학금을 받고 보고타 근교에 있는 시파키라국립중고등학교에 들어갔다. 이 시절 가보는 『천일야화』 『보물섬』 『몬테크리스토 백작』 등을 읽으며 행복해했고, 시를 외우는 데 탁월한 재능을 보였다.

1947 콜롬비아국립대학 법학과에 들어갔다. 법조인이 되기를 바란 아버지의 희망과는 달리 다양한 소설 작품을 읽으며 문학청년으로 살았다.

1948 보고타 사태가 일어나다

4월 9일, 자유당의 급진주의 지도자인 호르헤 엘리에세르 가이탄이 범아메리카 회의가
개최되는 가운데 보고타 거리에서 암살당했다. 이로 인해 보고타 사태라 불리는 대규모
폭동이 일어났고, 향후 20년간 콜롬비아의 폭력 사태가 일어나는 계기가 되었다. 가이탄
이 암살당한 날 가보는 보고타 시내의 혼잡 속에서 스무살 동갑내기 법학도이자 라틴
아메리카의 떠오르는 젊은 혁명 지도자인 피델 카스트로와 우연히 만났다. 그때부터 쿠바
에 대한 가보의 짝사랑이 본격적으로 시작되었는데, 실제로 두 사람이 가까운 사이가 된
것은 무려 30년 가까이 지난 뒤인 1975년에 『족장의 가을』이 출간된 이후다.

보고타의 거리.

1950   통금이 다시 시작된 카르타헤나를 떠나 바랑키야로 가서 약 4년 동안 살았다. 바
           랑키야 그룹의 친구들과 교유하면서 윌리엄 포크너, 버지니아 울프, 호르헤 루이
           스 보르헤스 등의 작품을 접했다. 이 중 특히 포크너로부터 많은 영향을 받았다.

1954   절친 알바로 무티스의 추천으로 보고타로 가서 자유당 계열의 신문인 「엘에스펙
           타도르」의 기자로 일했다.

1955   군부 치하의 콜롬비아 정부를 비판하는 기사로 인해 정부로부터 위협을 받자 신문
           사 측은 가보를 제네바 특파원으로 보냈다. 이후 로마를 거쳐 파리에 정착했다.

1956 콜롬비아 정부가 「엘에스펙타도르」를 폐간하게 되면서 가보는 경제적으로 큰 어려움을 겪지만, 그런 와중에도 『아무도 대령에게 편지하지 않다』를 집필했다.

1958 바랑키야로 가서 메르세데스 바르차와 결혼했다.

1959 쿠바혁명과 피델 카스트로를 지지하다

카스트로는 20대 때부터 변호사 출신의 젊은 혁명 지도자로 활동하면서 쿠바를 비롯한 라틴아메리카에서 이름을 날렸다. 그는 체 게바라, 동생 라울 카스트로와 함께 무장 혁명 게릴라군을 조직하여 1959년 1월 1일에 독재자 풀헨시오 바티스타를 축출하고 아바나에 입성하면서 쿠바혁명을 완수했다. 그러나 집권 후 라틴아메리카의 많은 지도자들이 그러했듯이 장기 집권을 꾀하고 억압 정치를 하는 등 전형적인 독재자의 길로 갔다. 미국의 거대 자본주의에 대항할 수 있는 유일한 대안으로 쿠바를 꼽는 유럽의 좌파와 라틴아메리카에서는 그에 대한 평가가 엇갈린다. 가보는 쿠바혁명이 성

쿠바혁명의 주역인 피델 카스트로(우)와 체 게바라(좌).

공한 직후 쿠바에 초청되어 카스트로와 본격적인 인연을 맺었다. 그리고 쿠바의 국영 뉴스통신사인 프렌사라티나의 통신원으로 보고타로 돌아왔다. 그는 카스트로가 장기 집권을 하면서도 권력에 유혹당하지 않은 라틴아메리카의 리더로 여기고 그를 절대적으로 지지했다.

1961 프렌사라티나의 통신원 자격으로 뉴욕으로 파견되지만 미국과 쿠바 측의 압력으로 사임하고 멕시코로 망명했다. 『불행한 시간』으로 에소문학상을 받았다.

1967 5월 30일, 부에노스아이레스의 수다메리카나출판사에서 『백 년의 고독』이 출간되자마자 유례없는 성공을 거두었다. 10월에 바르셀로나로 이주하여 1975년까지 살았다.

1968 파디야 사건이 일어나다

쿠바의 시인 에베르토 파디야는 피델 정권에 의해 '혁명의 배신자'로 찍힌 기예르모 카브레라 인판테라는 작가를 옹호하는 글을 썼다. 이에 카스트로의 눈 밖에 난 파디야는 반혁명주의자로 간주되어 잡지사에서 해고되고 그가 상을 받은 작품이 시중에 유통되지 않는 등의 제재를 당했다. 이 일로 일부 작가들은 쿠바혁명에 대한 지지를 철회했다. 그들 중에는 한때 가보의 절친이었던 작가 플리니오 아풀레요 멘도사를 비롯하여 『백 년의 고독』을 주제로 박사 학위를 받은 작가 마리오 바르가스 요사 등이 있었다. 그들은 파디야 사건에 분노를 표하며 항의 서한을 작성했지만 가보는 서명에 참여하지 않았다. 바르가스 요사는 가보를 독재자로 변해 가는 카스트로의 '궁정 작가'라고 비난했다. 이를 계기로 쿠바혁명에 대해 뜻을 같이하며 마술적 사실주의를 내세우던 붐 세대는 해체되기에 이르렀다.

카스트로의 혁명 정부에 입장 차이로 가보와 결별한 마리오 바르가스 요사.

1975   바르셀로나를 떠나 멕시코시티에 정착했다. 바르셀로나 시절에 집필한 『족장의 가을』을 출간했다.

1981   오래전 수크레 지방에서 벌어진 살인 사건을 바탕으로 쓴 『예고된 죽음의 연대기』를 출간했다.

1982 노벨문학상을 받다

1960년대에 마술적 사실주의를 무기로 내세운 라틴아메리카 문학은 유럽 문학을 대적할 만큼 발군의 성장을 보였다. 가보는 멕시코의 후안 룰포, 파나마의 카를로스 푸엔테스, 페루의 바르가스 요사 등과 함께 붐 세대의 기수로 뽑혔다. 가보는 마침내 1982년 노벨문학상을 받으며 국민적 인기를 넘어 라틴아메리카 전체의 문학 영웅으로 떠올랐다. 수상식 연설에서 가보는 라틴아메리카의 가공할 만한 현실에서 비롯된 고독의 핵심을 전 세계에 설파했다.

노벨문학상을 받은 가보.

1985 부모의 연애담을 토대로 한 『콜레라 시대의 사랑』을 출간했다.

1994 소설 『사랑과 다른 악마들』을 출간했다.

1996 콜롬비아의 전설적 마약왕 파블로 에스코바르가 열 명의 기자를 납치한 사건을 다룬 르포 형식의 소설 『납치일기』를 출간했다.

2002 세 권짜리로 예정된 자서전 『이야기하기 위해 살다』의 1권을 출간했다. 어머니 루이사가 카르타헤나에서 눈을 감았다.

2004 마지막 소설인 『내 슬픈 창녀들의 추억』을 출간했다.

2014 4월 17일, 여든일곱 살의 나이로 멕시코시티에서 세상을 떠났다. 며칠 뒤 콜롬비아와 멕시코 대통령이 참석한 가운데 그의 장례식이 치러졌다.

참고 문헌

1차 저작물

García Márquez, Gabriel, *Cien anos de soledad*(Vintage Espanol, 2009).

El general en su labertino(Vintage Espanol, 1989).

El otono del patriarca(Debolsillo, 1975)

La mala hora(Tusquets México, 1962).

One hundred years of solitude(Harper Perennial Modern Classics, 2006).

The Fragrance of Guava(Gardners Books, 1982).

가르시아 마르케스, 가브리엘, 『꿈을 빌려 드립니다』, 송병선 옮김(하늘연못, 2014).

『나는 여기에 연설하러 오지 않았다』, 송병선 옮김(민음사, 2016).

『납치일기』, 권미선 옮김(민음사, 1999).

『내 슬픈 창녀들의 추억』, 송병선 옮김(민음사, 2005).

『백 년 동안의 고독』, 안정효 옮김(문학사상사, 2005).

『백 년의 고독』, 조구호 옮김(민음사, 2000).

『사랑과 다른 악마들』, 우석균 옮김(민음사, 2008).

『아무도 대령에게 편지하지 않다』, 송병선 옮김(민음사, 2018).

『예고된 죽음의 연대기』, 조구호 옮김(민음사, 2008).

『이방의 순례자들』, 정효석 옮김(한나래, 1995).

『이야기하기 위해 살다』, 조구호 옮김(민음사, 2007).

『콜레라 시대의 사랑』, 송병선 옮김(민음사, 2004).

『썩은 잎』, 송병선 옮김(민음사, 2016).

『봄 그리고 포스트붐』, 송병선 옮김(예문, 2005).

2차 저작물

Gabo, 1927~2014(Semana, 2014).

Martin, Gerald, *Gabriel García Márquez*(Three Rivers Press, 2008).

Streitfeld, David, *Gabriel García Márquez: The last interview and other conversations*(Melville House, 2015).

송병선, 『작가론 총서, 가브리엘 가르시아 마르케스』(문학과지성사, 1997).

에스테반, 앙헬 외, 『카스트로와 마르케스』, 변선희 옮김(예문,2004).

카잔차키스, 니코스, 『그리스인 조르바』, 이윤기 옮김(열린책들, 2009).

페렉, 조르주, 『잠자는 남자』, 조재룡 옮김(문학동네, 2013).

기타

Webster, Justin, *Gabo: The creation of Gabriel García Márquez*(Icarus Film, 2016).

Billon, Yves & Carvard, Mauricio Martinez, *Gabriel García Márquez, A Biography in his own words*(Les Film du Village, 2010).

사진 크레디트

1, 4, 13, 21, 66~67, 80~81, 93, 105, 120~121, 128, 137, 147, 160, 164, 169, 196 © Getty Images Korea

2~3, 8, 16, 32~33, 41, 48~49, 57, 77, 84, 87, 100, 140, 150, 182, 187, 193, 206, 218, 228, 229, 231, 234 © 권리

52, 63, 70, 114, 155, 175, 201, 235, 236, 237 © Wikimedia Comons

클래식 클라우드 029

가르시아 마르케스

1판 1쇄 인쇄 2021년 10월 15일
1판 1쇄 발행 2021년 10월 25일

지은이 권리
펴낸이 김영곤
펴낸곳 아르테

책임편집 임정우 문학팀 김유진 김연수 원보람
마케팅2팀 엄재욱 이정인 나은경 정유진 이다솔 김경은
출판영업팀 김수현 이광호 최명열
제작 이영민 권경민
디자인 박대성 일러스트 최광렬

출판등록 2000년 5월 6일 제406-2003-061호
주소 (10881) 경기도 파주시 회동길 201 (문발동)
대표전화 031-955-2100 팩스 031-955-2151

ISBN 978-89-509-9974-2 04000
ISBN 978-89-509-7413-8 (세트)
아르테는 (주)북이십일의 문학·교양 브랜드입니다.

(주)북이십일 경계를 허무는 콘텐츠 리더

네이버오디오클립/팟캐스트 [클래식 클라우드 - 책보다 여행], 유튜브 [클래식클라우드]를 검색하세요.
네이버포스트 post.naver.com/classic_cloud
페이스북 www.facebook.com/21classiccloud
인스타그램 www.instagram.com/classic_cloud21
유튜브 youtube.com/c/classiccloud21